ちくま学芸文庫

唯信鈔文意

親鸞
阿満利麿 解説

筑摩書房

目次

一、本書はちくま学芸文庫のための書き下ろしである。

一、『唯信鈔』、『唯信鈔文意』の原文、引用は、『真宗聖典』（真宗大谷派宗務所出版部、一九七八年）に拠った。但し、『真宗聖典』編集時に「回向」「回心」「無碍」と改められた語句は、それぞれ「廻向」「廻心」「無礙」に戻した。なお、読者の理解に資するため、一部、異本のテキストである「仮名聖教所収本」の文章を採用した。その箇所は文中に明示してある。

一、文中太字になっている箇所は親鸞による解説であることを示す。

唯信鈔文意

はじめに

親鸞と聞けば、『歎異抄《たんにしょう》』を思い起こされる方が多いのではないか。だが、『歎異抄』の作者は親鸞の門弟である唯円《ゆいえん》であり、親鸞が直接書いたものではない。親鸞が直接書いた著作のなかで主著といわれる『顕浄土真実教行証文類《けんじょうどしんじつきょうぎょうしょうもんるい》』（一般には『教行信証《きょうぎょうしんしょう》』とよばれている）は、専門家の手引きがないと読めない。そうしたなかで、ある程度の知識があれば読みこなせる著作もある。その代表が『唯信鈔文意《ゆいしんしょうもんい》』であろう。

『唯信鈔文意』には、本願《ほんがん》念仏についての理解が進むための工夫があるだけではなく、親鸞の思想のエッセンスもこめられている。その意味で、昔から『唯信鈔文意』は『教行信証』につぐ、親鸞の代表作ともいわれてきた。

親鸞は、一二〇七年、法然の本願念仏弾圧に際して越後に流罪となり、四年ほど後に、流罪赦免となったが、京都へは戻らず、関東、今の茨城県あたりに入り、そこで本願念仏を布教した。そして、ほぼ二十年を経た、一二三五年ごろに京都へ戻った。その後、関東の門弟たちとは、主に手紙のやり取りによって、彼らの本願念仏に対する疑問などに答えてきた。

そうしたなかで、親鸞がとくに重視したのが法然門下の先輩であった、聖覚《せいかく》と隆《りゅう》寛《かん》の著述であり、それらをしばしば書写して関東の門弟たちに送っている。その一つが聖覚の『唯信鈔』なのである（もう一つは隆寛の『一念多念分別事《いちねんたねんふんべつじ》』）。そして、これらを送付するに際して、親鸞は、『唯信鈔』（あるいは『一念多念分別事』）のなかにある、理解が難しい先人の言葉などに解説を加えている。つまり、『唯信鈔文意』は、『唯信鈔』の注釈書なのである。

ついでにいっておけば、聖覚の『唯信鈔』は当時のいわばベストセラーであり、本願念仏のよき入門書の役割を果たしていたといわれている。そして、その入門書的役割は今も失われていない、と思われる。浄土仏教に関心をもちながらも、なぜ念仏を唱えれば阿弥陀仏の浄土に生まれることができるのか、といった疑問に明確な答えを見出せないでいる方々には、『唯信鈔文意』は、きっと確かな手がかりを与えてくれるのではないだろうか。

いうまでもなく、『唯信鈔文意』を正確に理解するためには、『唯信鈔』を読まねばならない。だが、今の私たちには『唯信鈔』は、やはりむつかしい。また、『唯信鈔』のねらいと『唯信鈔文意』が明らかにしようとしている点とは必ずしも一致しない。そこで、本書では、『唯信鈔文意』を理解する上で必要な場合に『唯信鈔』にふれていくことにする。一〇九頁からの『唯信鈔』のテキストを随時ご覧いただけるとありがたい。

『唯信鈔』の問いかけ

聖覚の『唯信鈔』の冒頭には、法然の本願念仏を理解する上で、不可欠の条件がさりげなく記されている。それは、私が仏道の世界に入るためには、今の私を「六《ろく》道《どう》」の一つである「人間界」に住む存在だと認識した上で、「六道」そのものから脱出したいと切に願うこと、である。

原文でいえば、「それ、生死《しょうじ》を離れ、仏道を成《な》らんと思わんに、二つの道あるべし」（漢字を補った）の「生死を離れ」ということである。「生死」とは、「生き死に」をくりかえすことであり、「六道」の世界を経《へ》めぐることをさす。「六道」とは、「地獄、餓鬼、畜生、修羅、人《にん》、天《でん》」の六つの境涯をいう。

「六道」という考え方は、紀元前五、六世紀ころにインドやギリシャに突然出現したらしい。人は死ねば、その霊魂が火や煙と共に月へ向かい、雨に交《ま》じって月から地球へ戻り、穀物に宿り、精子となり、また新しい生を得る。これが「輪廻《りんね》」のもとの形であったという。それがいつのころからか、「地獄、餓鬼、畜生等々」というイメージになった。

私たちに親しい「六道輪廻」の特徴は、「輪廻」には終わりがないこと。加えていえば、本人の善悪がつぎの境涯を決めるという、徹底した自己責任に基づいているから、そこには「救い」はない。こうした「六道輪廻」が仏教に取り入れられるが、仏教は「六道輪廻」からの解放（「救い」）を教える。人がそれぞれに積み重ねてきた行為（「業《ごう》」）は、そのままではつぎの「輪廻」の境涯を生むだけである。だが、仏教では、そのような「業」を転換する「智慧《ちえ》」を教える。その「智慧」を手にすれば、もはや「六道輪廻」をくりかえすことはない。「輪廻」の世界から、「悟り」の世界に生まれることができる。その道が、ここにいう「二つの道」（「聖道《しょうどう》門《もん》」と「浄土門《じょうどもん》」）なのである。

もとより、「六道輪廻」という物語は、現代ではほとんど忘れ去られている。私たちは、人は死ねば終わりであり、たかだか百年の人生だけが意味をもつ、と考えている。人はどこから生まれてきて、どこへ死んでゆくのか、それは問わないことになっている。「生」と「死」は一度限りなのである。そんな現代の私たちに、聖覚のメッセージはなにを意味しているのか。

ここで、あらためて「六道輪廻」の物語が生まれた背景を考えてみると、人間存在とその人生の不確実性、不安、不条理を納得したい、という願望があることに気づく。この点、現代の私たちには、「六道輪廻」の物語は遠くなったが、人間存在の不条理そのものが消えてなくなったわけではない。むしろ、そうした不条理に筋道を与えて納得する物語が失われた分だけ、不条理は拡散、変質して、とりとめもない不安となっている。私たちは、そうした正体不明な不安にとりつかれて暮らしている、といってもよいだろう。

そうとなれば、今の私たちが本願念仏に出遇《であ》うためには、自分を襲う愚かさや不安、不条理を、自分の言葉で自覚し直せばよいのである。そうした自覚がはっきりしていないと、本願念仏と出遇うことはむつかしい。『唯信鈔』の冒頭の言葉は、そうした自覚をうながしている、と考えられるが、いかがであろうか。

1.『文意』序

*「唯」と「信」

『唯信鈔文意』のはじめには、「序文」と思われる文章がある。テキストでいうと一三一頁の頭から八行目まで。内容は、主に「唯信」という言葉の説明にある。「唯」と「信」についてそれぞれ説明がなされている。しかし、その説明は必ずしも分かりやすいとはいえない。

親鸞はいう。『唯信鈔』の「唯」とは、「ただこのことひとつ」という意味であり、「ふたつならぶことをきらうことば」だ、と。つづいて、「唯」とは「ひとりという こころ」だという。なぜ「唯」が「ひとり」を意味するのか。そして、わざわざ「ひとり」を強調しなければならなかった理由はどこにあるのか。その理解は、容易ではない。後でもう一度ふれる。

つぎに「信」についてだが、親鸞はまず「疑いなきこころ」だという。また別の箇所では、「本願他力《ほんがんたりき》をたのみて自力《じりき》をはなれたる」こころを「唯信」という、と説明している。阿弥陀仏の本願という「他力」を生きる上でのよりどころとして選択すること、それが「唯信」だというのである。

だが、そうした説明とは別に、「信」とは「真実の信心」だともいう。しかも、それは「虚仮《こけ》」を離れた心とされる。「虚」は「むなしい」という意味であり、「仮」は「仮り」という意味だとのべて、さらに、「虚」は「実でない」ことであり、「仮」は「真でないこと」という。

「信」が「虚仮」を離れた「真実の信心」という意味だとすると、言葉ではわかったようでも、その体得はむつかしい。というのも、私たちはたしかに「疑いのないこころ」、本願を「たのむ」こころは起こすことはできても、「真実」となると、なにが「真実」であり、なにが「非真実」であるかの判断は容易ではなくなるからだ。自分が「真実」だと思っていても、実際は自分の都合にあわせていたり、エゴの色眼鏡で見ていたり、さほど突き止めもせず、検証もせずに「真実」だとしている中途半端なことも多いのではないか。「真実の信心」は、私たちには起こしようがないこころなのではないのか。

ではなぜ親鸞は、「信」を「疑いのないこころ」、「本願をたのむこころ」という私たちにも分かる説明で終わらずに、「虚仮不実《こけふじつ》」ではない「真実の信心」だと言葉を重ねているのであろうか、その意図はどこにあるのであろうか。

*二つの「信心」

ここであらためて、『唯信鈔文意』をはなれて、親鸞が「信心」という言葉によって、何を意味してきたのか、ふり返る必要がある。というのも、私の見るところ、親鸞における「信心」には、二つの意味があるからだ。

親鸞によると、まず阿弥陀仏は「名」(「南無阿弥陀仏《なむあみだぶつ》」)になっている。そしてその「名」を称することによってはじめて、阿弥陀仏は念仏の行者《ぎようじや》にはたらきかけることができる。では、どのようにはたらくのか。一言でいえば、「名」を称える人の深層意識のなかに、阿弥陀仏のこころが植え付けられる、とでもいおうか。その植え付けられた阿弥陀仏のこころを「まことのこころ」といい、漢字で「信心」、「大信心」とあらわす。つまり、親鸞にとって「信心」は、念仏者が起こすこころだけではなく、称名《しょうみょう》という「行《ぎょう》」を通じて人間にもたらされる「仏心《ぶっしん》」を意味している。

そうなると、私たちが阿弥陀仏の本願に納得して、称名という「行」を実践するようになれば、おのずと「真実の信心」、つまり「阿弥陀仏のこころ」が私たちのなかにも生まれてくることになる。このように理解すると、『唯信鈔文意』の冒頭の「信心」の二つの説明は、矛盾をきたさないことになるのではないか。

だが、現行の『唯信鈔文意』の文章を読むかぎり、右に述べたような理解に達するのはむつかしい。「信」あるいは「信心」の、次元を異にする二つの内容が併記されているにとどまっているからである。両者の関係の説明はどこにもない。もちろん、親鸞と関東の門弟たちとの関係は長年にわたるから、「信心」という言葉には、「疑いのない心」、本願に納得する心というほかに、称名によって伝わる「阿弥陀仏の心」という意味があることは、当然の了解となっていたのかもしれない。だが、今日の私たちには、そうした理解はむつかしい。あらためての説明が不可欠となる。

さらに言っておけば、親鸞が称名という「行」が「真実の信心」をもたらすことを明示的にのべている箇所はきわめて少ない。『唯信鈔文意』の、冒頭にも、「信は、うたがいなきこころなり。すなわちこれ真実の信心なり」と、無造作に併記されているに過ぎない。右の文でいえば、「すなわち」の一言のなかに、称名という「行」によって「阿弥陀仏の心」が伝わる、という意味が隠されている、ということになろう。

*「称名」がもたらすもの

法然は本願念仏の精髄は、「ただ念仏せよ」に尽きると教えている。もとよりその念仏は、本願を信じる、つまり本願が自分にとって不可欠だと納得した上での念仏である。本願に納得してはじめて、称名という「行」が自分のよりどころとなる。だが、それ以外に、念仏するにあたって真実の心を起こさなければならないとか、「虚仮不実」であってはならない、とは教えていない。というのも、私たちの心は、法然によれば、常に「識揚神飛《しきようしんぴ》」（識あがり、たましいとぶ。「四箇条問答」、善導《ぜんどう》の言葉）なのである。つまり、「精神は荒く乱れやすく、落ち着くことはない」、それが心の常態なのである。その心をもって浄土に生まれる条件とすることはありえないこと。せいぜいが称名行を持続せよ、というしかなかったと思われる。

そうしたなかで、「南無阿弥陀仏」と称えることが、あまりに簡単な「行」であるために、称名すると、人はどのように変わるのか、称名の功徳《くどく》とはなにか、といった疑問が門下から起こってくることになる。その風潮は、法然滅後一段と深まったのであろう。そして、そうした疑いを正面から受け止めて、称名という「行」がなにをもたらすのかについて、ひとつの答えを用意したのが親鸞であったと考えられる。その結論が、くりかえすが、称名によって「阿弥陀仏の心」が私たちの意識の底深くに植え付けられて、それが私たちを浄土に連れてゆき、仏たらしめてくれるのだ、ということなのである（詳細は拙著『『教行信証』入門』）。

そして、先だっていっておけば、「南無阿弥陀仏」と口で称えることによって、私たちに「阿弥陀仏の心」が伝わるようになった状態が、親鸞によれば「正定《しょうじょう》聚《じゅ》」の仲間に入ることなのである。「正定」とは、つぎの生において必ず仏になることが定まっている、ということであり、「聚」は「人々」という意味。現世で「凡夫《ぼんぷ》」であることには変わりはないが、死ねば浄土に生まれて仏になることが定まっている、その自覚を強く表現したのが「正定聚」なのである。

この親鸞の解釈は、称名という「行」の効果を論じる方向に発展しやすい。そうなると、なぜ私たちに「本願念仏」が必要なのかという肝心の確認が忘れられて、念仏の効果ばかりが期待されることになる。そうしたことを見越していたからこそ、法然は称名一行《いちぎょう》を選択せよ、それ以上に称名の効果を論じることは、学者めいたふるまいに耽るだけで、救いとはならない、と忠告していたのであろう（詳しくは法然「一枚起請文《いちまいきしょうもん》」）。

余談になったが、親鸞は称名という「行」が「真実信心」を行者にもたらすが故に、「南無阿弥陀仏」の価値が完全だと説いてきたのである。だからこそ、親鸞は、「この他力の信心のほかに余《よ》のことならわずとなり」といい、その根拠として「本《ほん》弘《ぐ》誓願《ぜいがん》なるがゆえなればなり」と結んでいる。まさしく、「他力」は阿弥陀仏のはたらきそのものであり、だからこそ、私たちは念仏という「行」を実践するだけで十分なのである。法然の言葉を借りれば、「ただ、一向に念仏する」、それが本願念仏の精髄なのである。つまり、本願念仏における称名は、仏道そのものなのである。

＊「唯」・「鈔」

「鈔」については、「すぐれたることをぬきいだし、あつむることばなり」と説明している。経典やその注釈などから、本願念仏の本質を理解するのに役立つ言葉を集めているのが『唯信鈔』にほかならない。

なお、さきに「唯」について、「ひとりというこころ」だと記されていると紹介した。なぜ親鸞が「唯」にそのような意味があることを強調しているのか。先人の研究によれば、「唯」から「ひとり」という意味を引きだすのは、「字訓釈《じくんしやく》」によっているという。「字訓釈」とは、中世以来、比叡山天台宗の学問の方法の一つといわれ、親鸞は好んでこの手法を用いている。その典型は、『教行信証』の「信」巻等に見られる。要は、漢字の読み方や、意味をつぎつぎと別の漢字に置き換えて、もとの漢字に思わぬ意味を見出そうとする手法である。

「唯」に「字訓釈」をほどこして「ひとり」という解釈が生まれる過程は、私には分からない。だが、『唯信鈔』を読むにあたって、「唯」に「ひとり」という意味があることを強調しているのは、『唯信鈔』を読む姿勢が、おのれ一人のために読む、あるいはおのれにひきつけて読む、という思いをこめてなされなければならない、という忠告なのではないか。そういえば、『歎異抄』には、「親鸞一人がためなりけり」という表現もある。仏教書は、客観的に学問的に読むという方法もあるが、基本的にはおのれの疑問や不安を克服したい、という願いにひきつけて読むことが望ましい。一般論として読むのではなく、わが人生の最終的なよりどころを見出したい、という思いをもって読むことが正統な読み方なのである。親鸞は、それを強調しているのではないだろうか。

＊阿弥陀仏の前身

必要上、『唯信鈔文意』の本文から離れる。というのも、以下のような知識が、『唯信鈔文意』を読む上では必要だと思うからだ。

まず、『無量寿経《むりょうじゅきょう》』によると、阿弥陀仏という仏は、もと国王であったが出家して「法蔵《ほうぞう》」と名乗り、神話的時間をかけて修行に励み、阿弥陀仏になった。出自については、『無量寿経』は「国王」としか記していない。だが、ほかの経典では、国王の名は「無諍念王《むじょうねんおう》」といったという。

「法蔵」の、いわば俗名がなんであるかを探索したのは、法然であった。法然が「法蔵」という出家名だけで満足せず、その俗名を知ろうとしたのはなぜなのか。法然はそのことについてなにも語らないが、私が推測するに、「法蔵」の俗名が分かれば、「法蔵」の出家の動機が具体的に推測できるであろうし、動機が分かれば、「法蔵」の営みはずいぶんと身近に感じられるようになるからではないか。

たとえば、「無諍念王」という名から、この国王は国家を治めるにあたって、諍《いさか》い、争いのないことを願いとしていたと推測される。そして、その願いが実現できないということがきわまって、彼は出家したのではないか、とも。もしそうならば、彼の出家の目標は、一切の争いのない世界を実現するところにあった、ということになる。経典では、法蔵は師の仏にしたがって、すべての人がひとしく悟りを手にすることができる理想的な国を造り、その国にいたる方法を創り出した、ことになっている。その国が浄土であり、その浄土にいたる方法が、阿弥陀仏の名を称える念仏であるが、その根本には、争いのない世界への願いがあったとすれば、法蔵の修行や国土づくりへの共感が深まるではないか。

さて、『唯信鈔文意』に戻るが、その前に『唯信鈔』での説明を紹介する。

＊「第十七願」

聖覚の『唯信鈔』では、法蔵菩薩が万人を悟りの世界に導くために、法蔵が仏になったときの「名号《みょうごう》」を称えるだけでよいと、工夫した経緯が紹介されている。しかも、その方法が、法蔵の思い込みにとどまっているのではなく、真実の方法として普遍的価値をもっていることを証明する手段をあわせて工夫した、と説明する。以下の文における「第十七願」がその工夫の内容である。『唯信鈔』の該当箇所を現代語で紹介する。

（法蔵は）ただ阿弥陀の三字の名号を称えることを、往生極楽の特別の原因にしようと、五劫《ごこう》の間、深く思惟《しゆい》し終わって、まず第十七に、諸仏にわが名を称揚されたいという願いをおこされた。この願《がん》のことを深く心得ねばならない。名号をもって、あまねく衆生を導びこうとお考えになられたがゆえに、さしあたって、名号を（諸仏によって）ほめられようとお誓いになったのである。

法蔵は、人間の苦しみを解決して、万人が悟りの智慧《ちえ》に到達することができる条件を、四十八箇条にまとめた。そして、それらが実現しなければ、仏にはならないと誓って、神話的時間をかけて修行し、いずれも実現して阿弥陀仏になった。その四十八の誓いの第十七番目が、当該の箇所である。つまり、阿弥陀仏の名を称することが普遍的有効性をもつ方法だと証明するために、全世界に存在するすべての仏たちに阿弥陀仏の名を褒《ほ》め称《たた》えてもらうことを願った。そして、その願いが実現し、諸仏が今も阿弥陀仏の名を称讃し続けている、とする。

第十七願とは、つぎのとおり。現代語訳で紹介する。「もし私が仏になったとき、十方《じっぽう》世界の諸仏に、ことごとく私の名が称讃されるようにしたい。そうでなければ、私は仏になりません」（拙著『無量寿経』ちくま学芸文庫、一七八頁）。

そして、『唯信鈔』は、この第十七願の理解を助けるために、中国の浄土教思想家・法照《ほっしょう》の文章を引用する。ちなみに、法然の『選択本願念仏集《せんちゃくほんがんねんぶつしゅう》』に法照のこの一文はすでに引用されている。

如来の尊号は甚だ分明にして、十方世界に普く流行す、但称名するもの有れば皆往くを得、観音勢至自ら来たり迎う（原文は漢文。「如来尊号甚分明《にょらいそんごうじんふんみょう》、十方世界普流《じっぽうせかいふる》行《ぎょう》、但有称名皆得往《たんうしょうみょうかいとくおう》、観音勢至自来迎《かんのんせいしじらいこう》」）。

親鸞はこの法照の言葉について、解説を加える。それがつぎの『唯信鈔文意』の文である。

2.『文意』一

*「如来《にょらい》の尊号《そんごう》は甚《はなは》だ分明《ふんみょう》にして」（「如来尊号甚分明《にょらいそんごうじんふんみょう》」）

親鸞はまず「如来」について、それは「無《む》礙《げ》光如来《こうにょらい》」だという。どうして阿弥陀仏といわないのか。それは「阿弥陀」という言葉が、原語の音を映しただけの言葉であり、意味を伝えていないからである。「阿弥陀」の意味は、「無量寿《むりょうじゅ》」と「無量《むりょう》光《こう》」である。そして親鸞がここで重視するのは、「無量光」である。なぜならば、「光」は仏教の目指す究極の智慧をあらわしており、『無量寿経』によれば、この光に遇《あ》うものは、心身が柔軟となり、善心が生まれる。そして、地獄にいるものもこの光に遇うと、たちまち安らぎを得て苦しみがやむ、とする。その光に十二の別名があるが、その一つが「無礙光」なのである。「無礙」とは、透過を妨げられるものは存在せず、影も作らないという意味であり、そのように、阿弥陀仏の智慧は、凡夫の煩悩に遮《さえぎ》られることなく、凡夫を智慧に包む。

ついで「尊号」について説明する。「尊号」とは「南無阿弥陀仏」をいう、と。そして、「号」とは、法蔵が阿弥陀仏になったのちの名であり、「名」は阿弥陀仏が法蔵であったときの名だ、という。

親鸞がなぜ「号」と「名」の違いにこだわるのか。その意図は必ずしもはっきりしない。ただ、「号」には、公然と、とか、表向きの名称、という意味があり、公開性をあらわすから、第十七願が実現して、阿弥陀仏の名がすべての仏たちに称讃されて、全世界に広がっているという状況を示すのにふさわしいからではないか、と考えられる。

つぎに「分明《ふんみょう》」について。「分」は区別すること。なにを区別するのか。衆生《しゅじょう》を一人一人はっきりと区別するということ。「明」とは明らかなことだが、なにが明らかなのか。名号《みょうごう》が十方世界の人々を一人一人はっきりと区別してはたらきかける、そのことが明白だというのである。

それにしても、「名号」が世界中に流布していて、その「名号」を称するものはすべて浄土に生まれることができる、と述べれば十分なはずだが、どうして「一人一人はっきりと区別してはたらきかける」と説明しなければならないのか。

宗教では、一般論は意味をなさないことが多い。現実に救済を願っている、個々の人に応じた教えが力をもつ。私がいかにして仏道を歩むことができるのか、私に適した教えとはなにか、そのことに無関係な議論は、私には戯論でしかない。親鸞も、『歎異抄』の結文で、「弥陀の五劫思惟《ごこうしゆい》の願をよく〳〵案ずれば、ひとへに親鸞一人がためなりけり」と述懐している。それぞれが、阿弥陀仏の本願に納得して称名する、そこではじめて安心が生じるのであり、一般論では知識は増えても安心は生まれない。教えは普遍的だが、それが現実に実を結ぶためには、一人一人が教えを選択しなければならないのである。

＊「十方《じっぽう》世界に普《あまね》く流行《るぎょう》す」（「十方世《じっぽうせ》界普《かいふ》流行《るぎょう》」）

「世界」という言葉は、もともと仏教語であった。「世」は過去・現在・未来の「三世《さんぜ》」を意味し、「界」は、十方の空間をいった。「十方」は東西南北に加えて東南・西南・西北・東北の四維《しい》、それに上下をくわえて「十方」。それぞれに衆生が住み、仏たちがいると考えられてきた。

親鸞の説明は、つぎのとおり。「普」は普く、広く、際《きわ》がないこと。「流行」は「十方微塵《みじん》世界」に普く広まり、仏教を勧め、行《ぎょう》ぜしめること。それゆえに、自力の修行によって仏教の真理を体得できない人々も、「無礙光仏」の「光」を蒙《こうむ》って真理の世界に入ることができる。「無礙光仏」の「光」は、一切諸仏の智慧を集めた形なのであり、光明は智慧なのだ、と知りなさい、と。

＊「但《ただ》称名するもの有れば皆往《ゆ》くを得」（「但有称名皆得往《たんうしようみようかいとくおう》」）

「称名するもの」に「但」という言葉がおかれているが、「但」は「ただ…だけが」という限定を示す。『文意』の原文でいうと、「ひとえに御な《(名)》《み》をとなうる人のみ、みな往生すとのたまえるなり」となる。

＊「観音勢至《かんのんせいし》自ら来たり迎う」（「観音勢至自来迎《かんのんせいしじらいこう》」）

当時、念仏の行者の臨終には、阿弥陀仏の化身といわれる観音と勢至の両菩薩が迎えに来ると信じられていたが、そのことも踏まえて、親鸞はつぎのように説明する。

不可思議光仏の御なを信受して、憶念すれば、観音・勢至はかならずかげのかたちにそえるがごとくなり。

「信受」は教えを信奉すること、「憶念」は阿弥陀仏の本願を常に思いだすこと。阿弥陀仏の名を「信受・憶念」すれば、観音と勢至が影の形に添うように、行者に付き従い、護《まも》る、という。

この説明では、死の間際だけではなく、行者の日常においても、観音、勢至の保護を受けることができる。さらに、観音は人間の「無明《むみょう》」(無知、愚かさ)を打ち破り、勢至は六道を流転する人々に智慧をもたらす、とも説明されている。こうした説明は、親鸞における本願念仏は、死後、浄土に生まれることを保証するだけではなく、生きている間の日常においても、ゆるぎのない「よりどころ」となることを強調していたのであろう。

そして、「観音勢至自ら来たり迎う」にある「自ら」について、つぎのように説明される。阿弥陀仏がみずからの意志により、さまざまな変化身《へんげしん》をもって、時と処を選ばず、「真実信心をえたるひと」に添い護るがゆえに、「自ら」というのだ、と。同時に、親鸞によれば、「自ら」には、「自らの意志で」という意味のほかに、「おのずから」という意味があるという。「おのずから」とは、「自然に」ということであり、念仏の行者の意志に関わらない、阿弥陀仏のはたらきをいう。とりわけ、親鸞は、如来の誓願に対して真実の信心を得た行者は、おのずと、自分の意志に関わりなく、「正定聚《しょうじょうじゅ》」という仏弟子の位に入る、と強調する。「正定聚」とは、仏教の修行上の階位を示す言葉で、つぎは仏になることが定まっている状態をいう。親鸞の本願念仏の理解の特色は、念仏者がこの「正定聚」の位につくことにある。

つぎに、「観音勢至自ら来たり迎う」の「来たり迎う」(「来迎《らいこう》」)について説明される。まず「来」について。

「来」は、普通は誰か、何かが「来る」のだが、親鸞は、「来」は阿弥陀仏(その化身も）が私たちを浄土に「来させる」（「来たらしむ」）という意味だとする。そして、そのように読む理由は、この文が「他力《たりき》」の説明だから、という。「他力」とは、「阿弥陀仏の本願力」のことであり、「他力」を説く文章では、主語はいつも阿弥陀仏になる。

また、「来」は、「帰る」という意味だという。これは、常識からすれば理解が難しい。「来る」ことがどうして「帰る」になるのか。阿弥陀仏が念仏の行者を迎えに来ることは、浄土に迎えるためであり、それは浄土へ「来させる」ことだということは分かる。だが、行者を浄土に招くことがどうして「帰る」ことになるのか。

親鸞はいう、「帰る」とは「法性《ほつしよう》のみやこ」へ「帰る」ことだ、と。「法性」とは「真如《しんによ》」ともいわれるが、仏教における絶対の真理を指す。称名という「行」によって、死後、浄土に生まれ、そこで最高の智慧を身につけて仏になる。私たちにとっては、仏になることは初めての経験になるが、それが人間の本来のあり方だと考える立場からは、仏道を歩むことは本来のありように「帰る」ことになろう。私たちは、今の自分のありようがもともとの姿だと思い込んでいる。だが、仏教では、

「苦」や「愚かさ」から解放されて初めて本来の自分に生きることになる。この意味で、「法性のみやこ」に入ることは、本来の自己に「帰る」ことになる。

さらに、説明が進む。「法性のみやこ」に「帰る」とは「悟り」を手にすることだが、「悟り」を身につけるやいなや、ふたたびこの世に戻ってきて慈悲を実践するようになる。そして、この慈悲の実践に赴くことを「来」という、と。この場合の「来」は、さきの、人々を浄土に「来させる」ということであろう。

さて、「来迎《らいこう》」の「迎」について、親鸞はつぎのように説明する。「迎」は、阿弥陀仏からいえば、行者を「迎える」ことだが、行者からすれば「待つ」ことだ、と。たしかに、行者は阿弥陀仏の「来迎」を「待つ」のであろう。ただし、親鸞によれば、漠然と「来迎」を「待つ」のではなく、「正定聚」の仲間に入って「待つ」のである。「正定聚」の仲間に入ったという自覚は、ゆるぎのないものであり、それゆえに安心して阿弥陀仏が「迎え」に来るのを「待つ」ことができる、という。

このように説明すれば分かりやすいが、原文は相当に飛躍していて分かりにくい。

あらためて原文を紹介して解説を加えよう。原文は、読みやすくするために句点と漢字を補った。

「迎《こう》」というは、むかえたまうという、まつ、ということろなり。選択《せんじゃく》不思議の本願、無上智慧の尊号をきき（聞）て、一念もうたがう（疑）こころなきを、真実信心というなり。金剛心《こんごうしん》ともなづく。この信楽《しんぎょう》をう（得）るとき、かならず摂《せっ》取《しゅ》してすて（捨）たまわざれば、すなわち正定聚《しょうじょうじゅ》のくらい（位）にさだまるなり。このゆえに信心やぶ（破）れず、かたぶ（傾）かず、みだれ（乱）ぬこと、金剛《こんごう》のごとくなるがゆえに、金剛の信心とはもうすなり。これを「迎」というなり。

「尊号をきき（聞）て」とは、たんに「聞く」にとどまらず、本願の説明をよく聞き、納得することを意味する。しかも、それは「一念の疑いもない」という納得でなければならない。そして、納得した以上は必ず称名するにいたる。つまり、「聞く」という行為には、称名という「行」の実践までもが含まれているのであり、それが親鸞の「聞」の解釈の要点なのである。

だからこそ、「行」によって行者に阿弥陀仏の心、つまり「まことのこころ」(「信心」、「大信心」)が伝わるのであり、それを「真実信心」という。それは、阿弥陀仏の心であるから、行者の意識に左右されない確かな心であり、「金剛心《こんごうしん》」と呼ばれる。その「金剛心」を得ることを、親鸞は「信楽《しんぎょう》をうるとき」といいかえる。その「信楽」は、しばしば「信じ願う」意味だとされるが、それでは、人間の起こすこころとなり、「真実信心」とはつながらない。むしろ、この「信楽」は、「悟り」によって生まれる「澄浄心《ちょうじょうしん》」を意味する(藤田宏達『大無量寿経講究』)。「仏心」と同じなのである。

つまり、称名という「行」によって「澄浄心」を得ると、行者は阿弥陀仏のはたらきのなかに包まれて、もはや生死の世界を流転することはない(それを「摂取《せっしゅ》」という)。その状態を「正定聚」の仲間に加わる、という。

こうして、称名という「行」によって、阿弥陀仏の心をもらうがゆえに、行者の信心はもはや破れることもなく、乱れることもなく、文字通り「金剛の信心」となる、という。ここでは、行者が起こす、本願を納得するという意味の「信心」と、仏心という「まことのこころ」が一つとなって「金剛の信心」と称されているのである。こうした「金剛の信心」をもち、「正定聚」の一員となることが、「待つ」という意味なのである。

くりかえすが、親鸞における「聞」や「信心」には、行者の「行」の実践がふくまれている。「南無阿弥陀仏」と口で唱えることによって、阿弥陀仏の心が私たちの無意識の世界に植えこまれる。そして、その「仏心」が、私たちを浄土にまで導き、「悟り」にいたらしむる。親鸞の文章では、この説明がなされないから、今の私たちには、『文意』が難しくなる。だから、「信心」や「信楽」といった術語が出てきたときには、さきに紹介したように、人間がおこす「信心」なのか、「行」によって行者に流れこむ「仏心」なのか、吟味しなければならない。

＊「即得往生《そくとくおうじょう》」

続いて親鸞は、『無量寿経』（『大経《だいきょう》』）の「願生彼国《がんしょうひこく》、即得往生《そくとくおうじょう》、住不退転《じゅうふたいてん》」を引用して、「正定聚」の意義を補強する。この経典の文の意味は、「浄土に生まれることを願うや否や、たちまちにして浄土に生まれて、再び輪廻の世界に退転することはない」ということだが、親鸞の意図は、「即時に往生を得る」の「即時」の強調にある。

常識では、「往生」は、死後、浄土に生まれることだが、親鸞はあえて、生きている間に称名の暮らしが実現すれば、その段階で、浄土に生まれたのと同じはたらきがもたらされる、と考える。「すなわち」という言葉は、「時を隔てず、日を隔てないことをいう」とわざわざ断っている。同じことを、親鸞は、門弟たちへの手紙のなかで、つぎのように書いている。『唯信鈔文意』から離れるが、理解の助けとなるので紹介したい。

「浄土の真実信心のひとは、この身こそあさましき不浄造悪《ぞうあく》の身なれども、こころはすでに如来とひとしければ、如来とひとしとまふすこともあるべしとしらせたまへ」（拙著『親鸞からの手紙』第二十六通）。「真実信心」を得た行者は如来と等しいというのである。大事なことは、「同じ」ではなく「等しい」といっている点であろう。もし「同じ」だとすると、生きている間に煩悩を滅ぼして悟るのであるから、「即身成仏」の意味になり、浄土教ではなくなる。「同じ」ではなく「等しい」という微妙な言葉遣いのなかに、親鸞の工夫があるといってよいだろう。詳しくは拙著『親鸞』（ちくま新書）を見てほしい。

＊再び「第十七願」について

さて、最後に再び第十七願に戻る。「南無阿弥陀仏」という名号は、一切の人々をして仏たらしめる「行」だが、それが、法蔵の独りよがりで発想されたものではなく、全宇宙に通じる普遍性をもっていることを明らかにするために、第十七願が設けられた、と親鸞は確認している。

全宇宙の仏たちが、こぞって「南無阿弥陀仏」を称えて褒めちぎっているのを人々は聞いて、人もまた念仏するのである。「南無阿弥陀仏」は、万人が仏になるための「行」であり、法蔵が選択に選択を重ねて選び出した「行」だが、そのままでは人々に伝わらない。人々が「南無阿弥陀仏」を知るのは、諸仏が「南無阿弥陀仏」を称讃しているのを聞くからにほかならない。もとより、実際に、私たちが宇宙に響く諸仏の称名を聞くわけではない。だが、私たちが念仏をすると、どうして阿弥陀仏の国に生まれることができるのか、その根拠を尋ねてゆくと第十七願にいたる、それが親鸞の考えなのである。

この点、法然は念仏の根拠は第十八願にある、と考えている。第十八願では、人々がまことのこころをこめて、阿弥陀仏の国に生まれたいと、少なくとも十回願えば、必ず浄土に生まれるようにする、とある。この「十回願う」は十回の称名を意味する。それは中国の浄土教思想家・善導《ぜんどう》の考え方であるが、法然はそれを受け継いでいる。

では、親鸞にとって、第十八願はなにを意味することになるのか。それは、称名行によって「阿弥陀仏の心」(「まことの心」、「真実信心」、「信楽」)が、行者に持続して伝えられることを保証する願にほかならない。第十八願の文面に即していえば、「信楽」(「阿弥陀仏の心」)が持続して(「乃至十念《ないしじゆうねん》」)行者に伝えられる、ということになる。あとでまた論じたい。

いずれにしても、「南無阿弥陀仏」という名号を唱えること、それが本願念仏の核心であることには変わりはない。

「如来尊号甚分明、十方世界普流行、但有称名皆得往、観音勢至自来迎」の解説の終わりに、親鸞は、この偈《げ》を残した法照禅師は善導和尚の化身とされ、後善導《ごぜんどう》とよばれた、と紹介している。善導はいうまでもなく、法然が私淑《ししゆく》した中国の浄土教思想家だが、中国でも阿弥陀仏の化身として崇《あが》められてきた人物である。その善導の化身とされた法照禅師は、親鸞にとっても特別の思いがする人物であったにちがいない。

最後に、また『文意』から離れるが、阿弥陀仏の名号を称えるといっても、聖覚の文章（一一三頁）では「阿弥陀」の三字を称えるといい、親鸞は「南無阿弥陀仏」の六字を称えるという。どちらが正しいのか、読者は迷われるかもしれないので一言付け加えておきたい。

『唯信鈔』の当該箇所を引用しておこう。「一切の善悪の凡夫《ぼんぶ》、ひとしくうまれ、ともにねがわしめんがために、ただ阿弥陀の三字の名号をとなえむを、往生極楽の別因とせん」云々、とある。これでは、第十八願にもとづく「行」が「阿弥陀」だと表明しているといってよい。どうやら、「南無阿弥陀仏」というべきところを「阿弥陀」と簡略化する風潮が、法然在世中から少なからずあったようである。

そのためか、法然はつぎのように諭《さと》している。「南無阿弥陀仏」という言葉が尊いのは、「仏《ぶつ》」という号にある。「阿弥陀」が尊いとすれば、それは「仏号」だからなのであって、「阿弥陀」の三字を「仏名」にしたから功徳がすぐれているのではない。最近、「阿弥陀」だけで尊いという人がいるようだが、それは心得違いもはなはだしい、と（石井教道編『昭和新修法然上人全集』二七〇頁）。

この批判は具体的には、永観《えいかん》（一〇三三～一一一一）の『往生拾因《おうじょうじゅういん》』に対してなされている。永観は、奈良の浄土教の先達《せんだつ》であり、法然も影響を受けた人物である。その人に対して、とくに永観と『往生拾因』の書名をあげて、「南無阿弥陀仏」というべきところを「阿弥陀」ですますのは「僻事《ひがごと》」（心得違い）だと厳しく批判している。

思えば、聖覚ももとは天台宗の僧侶であった。のちに法然上人の教えに帰し、本願念仏の普及に貢献のあった人物だが、それでも天台宗の余臭が残っていたのであろうか。「南無阿弥陀仏」と「阿弥陀」を混同している。親鸞も、聖覚の『唯信鈔』を関東の門弟たちに勧めるにあたって、この一点に言及していないのはどうしてなのか。右に述べた法然の教えが門弟たちの間で、すでに了解されていたからなのであろうか。いささか疑問が残る点ではある。

なおつけ加えておけば、法然は『選択本願念仏集』のなかで、「南無阿弥陀仏」の意味について、善導説を紹介して、さらに独自の解釈を施している。要点だけを紹介しておこう。

法然が引用する善導の「南無阿弥陀仏」論とは、つぎのようである。「南無」は「帰命《きみよう》せよ」という意味であり、「阿弥陀仏」は「帰命」の対象となる「行」をいう（ここでいう「阿弥陀仏」は、浄土にましますそのものではない）。つまり、「阿弥陀仏」という「行」に「帰命」することが「南無阿弥陀仏」の意味だとするが、善導の段階で「帰命」は、念仏者の意志による。だが、法然では、「帰命」する際の行者の意志が捨てられる。どういうことか。

私たちは「帰命」せよ、といわれても、必ずしも従順に「帰命」するとはかぎらない。むしろ、自己主張の強い人間にあっては、おのれを低くしてなにかに「帰依」することは難しい。そういうことを知ってか知らずか、阿弥陀仏は「南無」と「阿弥陀仏」を一緒にした「南無阿弥陀仏」を人間に与えた。それが法然の解釈なのである。くりかえすが、そこでは、人は、ただ「南無阿弥陀仏」と唱えるだけでよい。「帰命」の意志を示す必要はない。唱えるに際しての条件は一切ない。これが法然の「専修念仏」なのである。

3.『文意』二

*「第十八願」について

聖覚は、さきの「第十七願」の説明に続いて、「第十八願」について、およそつぎのように説明している。第十八願によれば、わずか「三字」の名号を称えることによって、いかなる人間でもすべて浄土に生まれて仏になることができる。そこには例外はない、と。そして、法照のつぎの詩偈《しげ》はその様子を的確に伝えている、として全文を掲載する。親鸞はその詩偈を逐一解説する。

彼仏因中立弘誓《ひぶついんじゅうりゅうぐぜい》　聞名念我総迎来《もんみょうねんがそうこうらい》　不《ふ》簡貧窮《けんびんぐ》将富貴《しょうふき》　不《ふ》簡下《けんげ》智《ち》与《よ》高才《こうさい》　不《ふ》簡多《けんた》聞持浄戒《もんじじょうかい》　不《ふ》簡破《けんは》戒罪根深《かいざいこんじん》　但使《たんし》廻《え》心多《しんた》念仏《ねんぶつ》　能令瓦礫変成金《のうりょうがりゃくへんじょうこん》

（「五会《ごえ》法事《ほうじ》讃《さん》」巻本）

親鸞の解説の原文を現代語で紹介する。

＊「彼《か》の仏、因中《いんじゅう》に弘誓《ぐぜい》を立つ」（「彼仏因中立弘誓《ひぶついんじゅうりゅうぐぜい》」）

「彼」は「かの」ということ。「仏」は阿弥陀仏のこと。「因中」は、阿弥陀仏がまだ菩薩の「法蔵《ほうぞう》」であったときのこと。「立弘誓《りゅうぐぜい》」の「立」とは「たつ」、「なる」ということ。「弘」は「ひろい」、「ひろまる」ということ。「誓」は「誓い」のこと。法蔵が「超世間の誓い」を起こして、広く広めたということ。「超世間の誓い」とは、ほかの仏の誓いよりもすぐれているということ。阿弥陀仏が「弘誓」を起こされた様子は『唯信鈔』にくわしい。

＊「名を聞き我を念ずれば総《すべ》て迎え来たらしむ」（「聞名念我総迎来《もんみょうねんがそうこうらい》」）

「聞名念我《もんみょうねんが》」の「聞」は、「きく」ということで「信心」をあらわす仏教の言葉である。「名」は「如来の誓いの名号」、つまり、「南無阿弥陀仏」である。「念我」は、「阿弥陀仏」の誓いの「名」を「憶念」せよということ。第十七願に記されている。「憶念」は、「信心を得た人は疑いがなく、本願を常に思い出すこころが絶えない」ことをいう。「総迎来《そうこうらい》」の「総」とは「たばねて」、「すべてみな」という意味。「迎」は、（阿弥陀仏が）「迎える」、（念仏者を）「まつ」ということで、「他力」のはたらきを示す。「来」は「帰る」、「来たらしむる」こと。「法性《ほっしょう》のみやこ」へ迎えて連れてきて、帰らしめる。「法性のみやこ」から「衆生利益《しゅじょうりやく》」のために娑婆《しゃば》世界に来るがゆえに「来」を「来たる」という。「法性の悟り」をひらくから「来」を「帰る」という。

＊「貧窮とまさに富貴とを簡《えら》ばず」（「不簡貧窮将富貴《ふけんびんぐしょうふき》」）

「不簡《ふけん》」は「えらばず、きらわず」ということ。「貧窮《びんぐ》」は「まずしく、たしない人」のこと。「将《しょう》」は、（普通は「与《よ》」のことで「そして」という意味だが、親鸞は）「以《もっ》て、率いる」という。「富貴」は「とめるひと」、「よきひと」をいう。「これらをまさにもて選ばず嫌わず浄土へ連れてゆく」。

＊「下智と高才とを簡ばず」（「不簡下智与高才《ふけんげちよこうさい》」）

「下智《げち》」は、「智慧が浅く、狭く、少ないもの」をいう。「高才《こうさい》」は、「才能の豊かで学問のあるもの」。「これらを選ばず、嫌わない」ということ。

＊「多聞と浄戒を持するとを簡ばず」（「不簡多聞持浄戒《ふけんたもんじじょうかい》」）

「多聞《たもん》」は、仏教聖典を広く多く聞き、信じること。「持」は保つことで、習い学ぶことを失わず、散らさないこと。「浄戒《じょうかい》」は、仏教のもろもろの戒律のすべてで、それらを保つことが「持」ということ。こうした戒律を保つ貴い人も、「他力」の「信心」を得て、真実の浄土に生まれることができる。自らの力で戒律を守り、自力の「信心」や「善」では浄土に生まれることはできない。

＊「破戒と罪根深きとを簡ばず」（「不簡《ふけん》破戒《はかい》罪根深《ざいこんじん》」）

「破戒《はかい》」とは、種々の戒律を受けた上で、それらを破り捨てたもの。これらの破戒の者を嫌わないという。「罪根深《ざいこんじん》」とは、「十悪五逆《じゅうあくごぎゃく》」の悪人、「謗法闡提《ほうぼうせんだい》」の罪人、おおよそ善根少ないもの、悪業《あくごう》の多いもの、善心が浅いもの、悪心が深いもの、このような、あさましい種々の罪深い人を「深」という。「深」は「ふかい」という言葉である。

すべて、よき人、悪《あ》しき人、尊い人、卑しい人を、無碍光仏《むげこうぶつ》の御誓《おんちか》いは嫌わず、選ばず、これらの人々を導くことを以て本旨《ほんし》とする。このように、「真実の信心」を得れば、真実の浄土に生まれることができるとするのが「浄土真宗」の正しい教えなのである。さきに「総迎来」とあったが、すべてみな浄土へ迎えて帰らしめるということである。

＊「但《ただ》心を廻《めぐ》らして多く念仏せしむ」（「但使廻心多念仏《たんしえしんたねんぶつ》」）

「但使廻心《たんしえしん》」は、ひとえに心を廻らしめよ、という意味であり、「廻心」は、自力の心をひるがえして捨てることをいう。真実の浄土に生まれる人は、かならず「金剛の信心」を得るのであるから「多念仏《たねんぶつ》」という。この「多」は、「大」のこころ、「勝《しょう》」のこころ、「増上《ぞうじょう》」のこころである。「大」は、大きい。「勝」はすぐれていて、万《よろず》の善に勝っているということ。「増上」は、あらゆることに優《すぐ》れていること。そのわけは、「他力本願」が最上の教えであるから。「自力の心を捨てる」とは、自らの力を信じることを捨て、わが身を頼みとせず、悪い心を反省することなく、一筋に「具縛《ぐばく》の凡愚《ぼんぐ》、屠沽《とこ》の下類《げるい》」も、無礙光仏の不思議な本願、広大な智慧の名号を信ずることであり、そうすれば、煩悩を具足したまま悟りの世界に達することができる。「具縛」は、よろずの煩悩に縛られたわれらのことであり、「煩《ぼん》」は、身を煩わすこと、「悩《のう》」は、心を悩ますことをいう。「屠」は、よろずの生きものを殺し屠《ほふ》る者で、「猟師」というもの。「沽」は、よろずのものを売り買いすることで、「商人」のこと。これらの人々を「下類」という。

＊「能《よ》く瓦礫《がれき》を変じて金と成《な》らしむ」（「能令瓦礫変成金《のうりようがりやくへんじようこん》」）
「能《のう》」は、よくということ。「令《りよう》」は、せしむこと。「瓦《が》」は、かわらのこと。「礫《りやく》」は、つぶてのこと。「変成金《へんじようこん》」の「変成」は、変えなすこと。「金」は、こがね。「かわら、つぶてを黄金に変えなす」という譬え。猟師、商人、さまざまなものは皆、石・瓦・礫《つぶて》のごときわれらのこと。如来の誓願を二心《ふたごころ》なく信ずれば、「摂取《せつしゆ》の光」のなかにおさめとられて、かならず「大涅《だいね》槃《はん》」（悟り）をひらかしめ

られることは、猟師や商人など、石・瓦・礫が黄金となるようなものなのである。「摂取の光」とは、阿弥陀仏の御心《おんこころ》におさめ取られるからである。「偈文《げもん》」の心について、思うように説明はできていないが、だいたいは申したつもりである。深い意味はこれから推しはかってほしい。

この「偈文」は中国・唐代の慈愍三蔵《じみんさんぞう》（恵日《えにち》三蔵とも）という聖人の解説である〔法照がその文を引用している〕。

4.『文意』三

聖覚の『唯信鈔』では、法然の教えにしたがい、仏教を「聖道門《しょうどうもん》」と「浄土門《じょうどもん》」に二大別し、さらに「浄土門」を「専修《せんじゅ》」と「雑修《ぞうしゅ》」に分類する。その上で、「専修」、つまり、阿弥陀仏の名号を称することが、阿弥陀仏の浄土に生まれる最善にして最高の道であることが強調される。

そして、善導のつぎの文章が紹介される。「専をすてて雑《ぞう》におもむくものは、千の中に一人《いちにん》もうまれず、もし専修のものは、百に百ながらうまれ、千に千ながらうまる」、と。ついで、同じく善導の『法事讃《ほうじさん》』の文章が引用される。

極楽無為涅槃界、随縁雑善恐難生、故使如来選要法、教念弥陀専復専（極楽は無《む》涅槃《ねはん》の界なれば、随縁《ずいえん》の雑善《ぞうぜん》おそらくは生じ難し。故に如来要法を選びて、教えて弥陀を念ぜしめて、もはらにしてまたもはらならしめたまえり）

（『教行信証』「真仏土《しんぶつど》」巻から、現代語表記にあらためた）

以下、右の文について、親鸞の説明を原文で紹介しながら、解説する。

＊「極楽無為涅槃界《ごくらくむいねはんがい》」

「極楽無為涅槃界」というは、「極楽」ともうすは、かの安楽浄土なり。よろずのたのしみつねにして、くるしみまじわらざるなり。かのくにをば安養《あんにょう》といえり。曇鸞和尚《どんらんかしょう》は、ほめたてまつりて安養ともうすとこそのたまえり。また『論』には、「蓮華《れんげ》蔵《ぞう》世界」ともいえり。無為ともいえり。「涅槃界」というは、無明《むみょう》のまどいをひるがえして、無上涅槃のさとりをひらくなり。「界」は、さかいという。さとりをひらくさかいなり。大涅《だいね》槃《はん》ともうすに、その名無量なり。くわしくもうすにあたわず。おろおろ、その名をあらわすべし。「涅槃」をば、滅度《めつど》という、無為という、安楽《あんらく》という、常楽《じょうらく》という、実相という、法身《ほっしん》という、法性《ほっしょう》という、真《しん》如《にょ》という、一如《いちにょ》という、仏性《ぶっしょう》という。仏性すなわち如来《にょらい》なり。

「極楽」とは安楽浄土のこと。よろずの楽しみが常にして、苦しみが交わらないから。「安養」ともいう。「安養」は、曇鸞和尚の言葉。また、世親《せしん》の『浄土論』には、「蓮華蔵世界」ともいう。また「無為」ともいう。

「極楽」という言葉は、『阿弥陀経』が初出といわれる。なぜ阿弥陀仏の国が「極楽」といわれるのかという質問に対して、釈尊は、「その国に生まれたものは、もろもろの苦しみがなく、ただ、もろもろの楽を受ける。故に極楽となづく」と説いている。

ただ、「極楽」は人情に訴えやすい言葉であるから、死後、安楽な世界に生まれるというイメージになりやすい。しかし、仏教では、「極楽」は仏になる修行に一切の妨げのない、仏道修行上の理想的境地とされ、仏になるところなのである。「蓮華蔵世界」は、『華厳経《けごんきょう》』に説かれる盧舎那仏《るしゃなぶつ》の世界のこと。蓮華は仏教では真理の象徴とされ、修行によって獲得される悟りの境地。世親は、現世で修行者が手にできる境地とするが、中国浄土教の祖師・曇鸞《どんらん》は、死後、浄土において得られるとし、法然・親鸞もその考えを引き継いでいる。

「無為」は、生滅変化《しょうめつへんげ》を超越した常住不変の真実の世界、のこと。一般には「無為無策」という言葉に示されているように、「無為」は、なにもせずぶらぶらすることをイメージされるが、それは仏教語ではない。また、自然のままで人為が加わっていない状態をさすのは、中国の道教の考え方と考えられる。次に「涅槃界」についての親鸞の説明を要約する。

「涅槃界」は、「無明《むみよう》」という愚かさをひるがえして、「無上涅槃」を悟る境地。「界」は、悟りをひらく「さかい」という。

「涅槃」という言葉には、異名がたくさんある。たとえば、「滅度《めつど》」、「無為」、「安楽」、「常楽《じようらく》」、「実相」、「法身《ほつしん》」、「法性《ほつしよう》」、「真如《しんによ》」、「一如《いちによ》」、「仏性《ぶつしよう》」である。「仏性」は「如来」のこと。

注を加えておこう。

一つは、「無明」と「悟り」が「さかい」をなしている、という点について。あとで問題にする「即《そく》」という考え方とも共通していて、異質性の自覚よりも、同質性への共感が強くなり、いささか危ない考え方だと思われる。

二つは、「涅槃」の異名として、「滅度」、「無為」、「安楽」、「常楽」、「実相」、「法身」、「法性」、「真如」、「一如」、「仏性」といった術語が並ぶが、素人にはよく分からない。そこで、「一如」の「如」をもとに、これらの術語の関係の一端を見ておこう。

「如」は、辞書的にいえば、私たちの常識、分別を超えた、究極的な智慧によって認識される事物の一切の本当の姿のことであり、私たちの言語を超えているから、かりに「如」という。しいて意味をもとめると、「あるがまま」といわれる。

真実の姿は、「如」のほかにも、「実相」ともいう。また、物事のありようを「法」という言葉であらわし、さらにその物事を支える真理をも「法」という。そのために、真理を「法身」とも「法性」ともいう。「身」とは中身、内容のこと。「性」は本質、傾向をいう。

仏教では、物事の成就を「因《いん》」(「縁《えん》」もふくむ)と「果《か》」の経過のなかで考察するが、厄介なことに、受け取る側は「因」と「果」を同一視する傾向が強い。たとえば、修行者が仏になるために「慈悲喜捨《じひきしゃ》」という「四無量心《しむりょうしん》」の実践をするが、それらは、仏になる可能性を示すという意味で「仏性」とよばれるが、その「四無量心」の実践によって仏になると、修行者という「因位」の時の名称である「仏性」が、「果位」としての「仏」の名称と等しいと考えられる。つまり、「仏性」は

「如来」となってしまう。しかし「煩悩即菩提」という言葉があるが、「煩悩」がそのまま「菩提」でないことは言うまでもない。『唯信鈔』では、「因」が「果」となる過程を厳密に分析せずに、「即」の一字で結びやすい。そこに丁寧な説明が必要になる。「即」が出てきたときには、現代の私たちには要注意の信号といっても過言ではない。

つづいて、『唯信鈔文意』の原文を読んでみよう。

＊「如来」

この如来、微塵《みじん》世界にみちみちたまえり。すなわち、一切群生海《ぐんじょうかい》の心《しん》なり。この心に誓願を信楽《しんぎょう》するがゆえに、この信心すなわち仏性なり。仏性すなわち法性なり。法性すなわち法身なり。

「如来」の、「如」は、真理そのものをいう。「真理」の言語は tathatā で、「そのようにあること」を意味する。そこから「真如」、「如如《によによ》」と漢訳されて、分別を超えた究極の智慧によって認識される、物事の真実の姿をさすことになる。

その「如来」が「微塵世界」に満ち満ちている、ということは意味深い。つまり、私をふくめて、一切の生けるものたちのこころに「如来」は満ちている、というのだ。この点でいつも思うことは、私が真実を求めたり、あるいは、真実から遠いと実感するのは、私のなかに「微塵化」した「仏性」が存在するからではないか。かつて、柳宗悦《やなぎむねよし》は、人が永遠を求めるのは人の心にそうした願いがもともとあるからであり、向日葵《ひまわり》が太陽を慕って向きを変えるのに似る、といったことを思い出す。

もちろん、そういったからといって、「真如」（真理）が人に簡単に分かるわけではない。むしろ、人生には真理から遠いことばかりが生起してやまない。その原因は、人間のエゴに求められるのであろう。雲霧が晴れれば、太陽がのぞめるように、エゴが鎮まれば、本来の自己が自覚できるのかもしれない。

とにかく、私の心をふくめて微塵世界に「如」が満ちているからこそ、私は本願の真理が受け取れるのであり、私の「信心」は「仏性」となるのであろう。

『唯信鈔文意』の原文では、「この心に誓願を信楽するがゆえに、この信心すなわち仏性なり」とある。「信楽」という言葉は、むつかしい。三九〜四一頁でも述べたように、使われる場面によって、意味が異なるからである。ここでは、「信じ喜ぶ」という意味であろう（梶山雄一説）。思うに、本願、とりわけて第十八願を信じて喜べば、かならず称名するであろう。称名すれば、「阿弥陀仏の心」が私に伝わる。阿弥陀仏の「まことのこころ」が伝われば、私のこころは「仏性」そのものになるのは当然であろう。注意しなければならないのは、右の親鸞の説明には、称名によって阿弥陀仏の心が伝達されるという説明が隠されていることである。つまり、わが無意識のどこかに存在する「仏性」（真実を求める心）が、「阿弥陀仏の物語」を信じて称名という「行」を実践すると、私の心にある「真実を求める心」が「真実そのもの」（「如」）になってゆくのである。

こうした称名による阿弥陀仏の心の伝承について、親鸞は『教行信証』のなかで、元照《がんじょう》の言葉を引用して、およそつぎのように説明している。まず、阿弥陀仏は「名」になって人々を救う仏であるとして、その「名」を耳に聞き口に誦《ず》すると、阿弥陀仏の限りない聖徳が私たちの無意識に一挙に流れ込んでくる。そして、それが私たちの仏になる「種」となり、それが私たちの深い罪を滅し、悟りへ導くのである、と。ここには、明らかに称名の役割がはっきりと述べられている（詳しくは拙著『『教行信証』入門』八七頁）。

ここで思い起こすのは、法然上人の言葉である。法然上人はいう、「一切衆生はみな仏性あり。遠劫《おんごう》よりこの方まさに多仏にあえるなるべし。なにによってか今にいたるまでなお、自ら生死に輪廻して火宅《かたく》を出《い》でざるや」（『選択本願念仏集』）。その答えは、仏に遇《あ》う「方法」（「行」）が適切ではなかったからだ。法然は、阿弥陀仏が与えた「南無阿弥陀仏」を唱えるという行為が私たちを浄土に導き、私たちを真実なる存在へ導くという。こうした「行」が実践できるのも、わが心に「微塵」となった如来が存在するからであろう。その意味では、阿弥陀仏の誓願を信じる行為は、私のなかの「仏性」が具体的に発動しているからであろう。容易に信じられないのは、くりかえすが、エゴの判断に支配されているからである。「仏性」を選ぶのか、「エゴ」にしたがうのか、と言えば言い過ぎになるだろうか。

おさらいをしておこう。「誓願」を信じることは、「誓願」（この場合は第十八願）に納得することであり、納得すれば、本願が要求している称名という「行」を実践することになる。この「行」の実践を通じて初めて「阿弥陀仏の心」、つまり「仏性」が行者に伝わる。そこで、行者のおこす「信心」が阿弥陀仏の「仏性」と同じとなる。そこに、親鸞がいう「金剛の信心」が生まれる。こうした経過を飛ばして、ここでは、一挙に「信心すなわち仏性なり」となっている。

さて、親鸞は、その「仏性」は「法性」であり、「法性」は「法身」であるとした上で、「法身」についてユニークな説明をする。この箇所は異本のテキスト（「仮名聖教所収本」）の文章の方が分かりやすいのでそちらを使う。

＊「二種の法身《ほっしん》」

しかれば仏について二種の法身まします。ひとつには法性法身《ほっしょうほっしん》ともうす。二つには方便《ほうべん》法身ともうす。法性法身ともうすは、いろもなし、かたちもましまさず。しかれば、こころもおよばれず、ことばもたえたり。この一如よりかたちをあらわして、方便法身ともうす御《おん》すがたをしめして、法蔵比丘《びく》となのりたまいて、不可思議の大誓願をおこしてあらわれたまう御かたちをば、世親《せしん》菩薩は尽十方無碍《じんじっぽうむげ》光如来《こうにょらい》となづけたてまつりたまえり。

この一文を解説してみよう。仏には「法性法身」と「方便法身」の二種があるという。「法性法身」とは、「身」という言葉があるが、仏教の真理そのもので、われわれが想像する身体ではない。真理の抽象的表現といってよい。「原始仏教」では、現実に存在した歴史的人物・釈尊を「色身《しきしん》」というのに対して「教え」そのものを「法身」といったという。それに対して「大乗仏教」では、釈尊の悟った真理そのもの、「般若波羅蜜《はんにやはらみつ》」、「空性《くうしょう》」といった抽象的な真理を「法性法身」という。そして、私たちに認識できる仏を「方便法身」という。仏像などをイメージしやすいが、曇鸞によれば、浄土教の経典に記されている「浄土」の具体的なすがたをいう。

くりかえせば、仏には二種のタイプがある。一つは「法性法身」とよばれる、抽象的存在。「色もなく形もないから、われわれの常識では考えることも言葉で表現することもできない」。一方、「方便法身」とは、その真理（「一如」という）からわれわれが理解できる形をとってあらわれた仏のこと。阿弥陀仏がそうである。

「方便法身」は、具体的には、『無量寿経』では「法蔵」と名乗り、四十八の誓願を樹立する。その誓いの、「光明無量」と「寿命無量」を実現して仏になったのが「尽十方無礙光如来」にほかならない。なぜ「阿弥陀仏」といわずに「尽十方無礙光如来」というのか。

親鸞によると、四十八願のなかの、第十二願（「光明無量」）と第十三願（「寿命無量」）の誓願という原因に報われて、その結果として生まれた、いわば果報としての仏であるがゆえに「報身《ほうしん》如来」という。そして、それが尽十方無礙光如来（阿弥陀仏）なのである。こうした経緯がつぎにのべられるが、その前に、「法性法身」と「方便法身」についてもう少しのべておきたい。

仏教には現実から離れた普遍的な、しかし、抽象的な真理が説かれる一方、そうした普遍的真理が具体的な現実のなかではたらく姿をも説く。しかも、両者は本来一体だと考える。そのことを明快に説明しているのは、曇鸞の『浄土論註』であろう。つぎのようにのべている。

諸々の仏菩薩に二種の法身あり。一には法性法身、二には方便法身なり。法性法身に由《よ》りて、方便法身を生じ、方便法身に由りて、法性法身を出《いだ》す。此《こ》の二法身は、異にして分かつべからず。一にして同ずべからず。

(『浄土論註』解義分《げぎぶん》「浄入願心《じょうにゅうがんしん》」)

この文章の理解のカギは、「方便」にある。「方便」は現代ではせいぜい「嘘も方便」という言葉で使われるくらいであろうが、もとは英語でいえば、approach である。物事に接近する、近づくことだが、大事なことは、接近する相手の状況に応じて、相手がもっとも受け入れやすいかたちで近づいてくる、それが「方便」の元来の意味だといわれている。

つまり、仏教では、人それぞれに応じた教え方があるのであり、一律ということはない。しかも、教えは人に応じて手加減はしない。必ず教えの核心は伝えられる。それが「方便」なのであるから、仏教では、真理が単独でどこかに存在することはありえない。かならず求道者に即して存在する。つまり、それが仏教の真理のあり方なのである。となれば、「法性法身」とか「方便法身」とか、言葉はむつかしそうだが、真理のありようを表現する言葉だといえる。真理を抽象的にいうか、具体的にいうか。しかも両者はもともと一体だという。私を離れて絶対の真理があるのではなく、真理は私に即してあるのである。

かつて、或る高名な仏教学者から、仏教の理解には「方便」の理解が大切であり、右の曇鸞の「二種法身」の論理が重要だと教えられたことがある。具体的な、人に即した教えの展開こそが、仏教の本領が発揮される場面なのであろう。

ちなみに、親鸞は『一念多念文意《いちねんたねんもんい》』では、「方便」についてつぎのように記している。「方便ともうすは、かたちをあらわし、御《み》なをしめして、衆生にしらしめたまうをもうすなり。すなわち阿弥陀仏なり」、と。

親鸞の説明に戻る。以下、親鸞の原文からその大筋を理解することに重点を置くので、原文そのものの引用ではなく、現代語で原文を要約して紹介する。読者は、必要ならばテキストを見てほしい。

＊「阿弥陀仏は光明なり」

この如来を報身という。「誓願《せいがん》の業因《ごういん》」に報いる故に「報身如来」という。「報」とは、「因」に報いること。この「報身」から「応化《おうけ》等の無量無数《むしゅ》の身《しん》」をあらわして、「微塵世界」に「無礙の智慧光」を放つために「尽十方無礙光仏《じんじつぽうむげこうにょらい》」という。それは「光」であって、形も色もない。「無明」の闇を払い、「悪業《あくごう》」に邪魔されることもない。それゆえに「無礙光」という。「無礙」は障《さわ》りなし、ということ。だから阿弥陀仏は「光明《こうみょう》」であり、「光明」は「智慧」の形と知るべきである。

なぜ阿弥陀仏が「光明」のシンボルであり、「光明」が「智慧」だと強調されるのか。一言でいうと、仏教が「無明」を破る「智慧」の宗教だからである。その「智慧」を磨くために、それまでの仏教は「自力」を尽くして修行に励んだのである。だが、その成果を手にできた修行者はほんの少しにとどまり、多くの人々は「無明」から脱する手立てがないままに生涯を終えていった。そこに、浄土仏教が起こってくる根本の理由がある。仏道修行とは無縁の「凡夫《ぼんぶ》」であっても、阿弥陀仏の名を口で唱えれば、かならず阿弥陀仏の国に生まれて「智慧」を手にできる、と教えたのである。

もとより、凡夫が「智慧」の道を歩むといっても、「智慧」につながる道を歩むということであり、現世でその「智慧」が身につくわけではない。だが、自分の将来が見えるが故に、苦しみや愚かさが満ちている人生であっても、希望をもって生涯を終えることができる。この安堵感が、本願念仏の実践がもたらす効果といえよう。

＊「縁に随《したが》う雑善《ぞうぜん》のものは恐らく生まれ難し、故に如来をして要法を選ばしむ」（「随縁雑善恐難生《ずいえんぞうぜんくなんしょう》、故使《こし》如来選要法《にょらいせんようほう》」）。

「随縁《ずいえん》」とは、人々がそれぞれに縁があって、種々の仏教的功徳（「雑善」）を「浄土」に施し、極楽往生を願うことをいう。具体的には、「八万四千の法門」を実践するという「自力」の行であり、それでは、「真実の浄土」に生まれることにはならない。「雑善」、「自力の善」では「浄土」に生まれることは難しいこと、それを「恐難生《くなんしょう》」という。

「故使《こし》如来選要法《にょらいせんようほう》」とは、釈迦如来がもろもろの善から「名号《みょうごう》」を選んで、「五《ご》濁《じょく》悪時、悪世界、悪衆生、邪見《じゃけん》、無信」のものに与えられたのだ、と知りなさい。このことを「選」という。「ひろくえらぶ」ということ。「えらぶ」とは、いうまでもなく「名号」を選ぶこと。「要」は「もっぱら」、「もとむ」、「ちぎる」という意味。「法」とは「名号」のこと。

「名号」を選ぶ、ということで十分に意味が伝わるが、親鸞はあえて、「要」について注釈を加える。いわく、「要」は「もっぱら」、「もとむ」、「ちぎる」だ、と。なぜこのような注釈が必要なのか。「要」は普通には「かなめ」で、必要な、重要な、という意味であろう。それがどうして「もっぱら」、「もとむ」、「ちぎる」となるのか。それは、「要」が「法」を説明する役割を担っているからであろう。「名号」はただひたすら行ずべき「行」であり（それが「もっぱら」という意味として）、凡夫が求めてやまない「行」であり（それが「もとむ」の意味であり）、「名号」は仏が凡夫に約束する「行」である（それが「ちぎる」の意味であろうか）、と。

ところで、阿弥陀仏が「名号」を人間に与えたというが、右の文中に傍点を施しておいたように、「無信」の者にも与えられているということに感動するのは私一人だけではあるまい。

親鸞の文の要約を続ける。

＊「弥陀を念じて、専復《ま》た専なれと教えしむ」（「教念弥陀専復専《きようねんみだせんぷせん》」）

「教」は「教える」こと、また「法《のり》」のことで、釈尊の教えのこと。「念」は、心に思い定めて、なにがあっても、いろいろと動かぬ心のこと。すなわち、阿弥陀仏が選択された本願にもとづく「名号」を、一向にもっぱら修めよ、と教える言葉である。

「専復専」の、はじめの「専」は、念仏という一行《いちぎよう》を修めよ、ということであり、「復《ふ》」は、「また」、「重ねる」という意味。だから、二つ目の「専」は、「一心なれ」ということ。「一行一心《いちぎよう》」に関心を集中させせよ、ということ。「専」は「二《いち》」という言葉。「もはら」は、二心《ふたごころ》となるなかれ、という意味。ともかくも、（念仏の一行以外に）あれこれと移りやすい心がないことが「専」ということ。この「一行一心」である人を「摂取《せつしゆ》」してお捨てにならないから「阿弥陀」となづけるのである、と善導《ぜんどう》は仰《おつしや》っている。

この「一心」は「横超《おうちよう》の信心」である。「横」は「よこさま」、「超」は「こえて」という意味。よろずの教え（「法」）に優《すぐ》れて、速やかにはやく生死《しょうじ》の世界を超えて「さとり」にいたるがゆえに「超」という。これは、阿弥陀仏の大悲《だいひ》にもとづく誓願《せいがん》の力による。この「横超の信心」は、阿弥陀仏に「摂取されている」がゆえに「金剛心《こんごうしん》」となっている。これが『無量寿経』に説く「本願の三信心《さんしんじん》」なのである。

ちなみに、親鸞の文章から離れるが、「本願の三信心」とは、第十八願に説く「至心《ししん》・信楽《しんぎょう》・欲生我国《よくしょうがこく》」のこと。この「本願の三信心」を親鸞は「真実信心」、「信楽」という。この際の「信楽」は、「三信心」の一つではなく、「三信心」の本質をあらわす術語となっている。これらは、いずれも人間の起こす「信心」ではなく、阿弥陀仏の「まことのこころ」のこと。「信楽」も、「澄浄心《ちょうじょうしん》」も、「仏心」も同じ意味。いうまでもなく、いずれも称名という「行」の実践によって生じる。

親鸞の文の要約に戻る。

この「真実信心」を世親《せしん》は「願作仏心《がんさぶつしん》」という。「願作仏心」は、仏になろうと願うこころである。この「願作仏心」は、そのまま「度衆生心《どしゆじようしん》」のこと。「度衆生心」とは、衆生をして「生死《しようじ》の大海《だいかい》」を渡らせようとするこころである。この「願作仏心」、つまり「信楽」は、衆生をして「無上涅槃《むじようねはん》」にいたらしむこころなのである。「信楽」、「願作仏心」、「真実信心」は如来の「大菩提心《だいぼだいしん》」、「大慈大悲心《だいじ》」にほかならない。この「信心」は、とりもなおさず「仏性《ぶつしよう》」であり、「如来」なのである。

右の文中、「願作仏心」は「度衆生心」だと説明されているが、なぜ「願作仏心」が「度衆生心」とかさなるのか、その意味について一言コメントしておきたい。というのも、現代の仏教では、どうして「仏」になることが目標なのかという点について、からならずしも、明白ではないからである。それは一言でいえば「衆生を救う」ために「仏」になるのである。つまり、仏の仕事は「度衆生」に尽きる。私たちは、ややもすれば、自分が「仏」になるのは、自分の自己満足、あるいは、最高の存在に達するという点からイメージしがちであるが、仏になることは他者を苦しみから救うことであり、そのための「智慧」と「慈悲」を具えた存在が「仏」にほかならない。日本の、「自然宗教」が強い風土では、「仏」になるのは「ほとけ」になることであり、「ご先祖」になることだというイメージがあるから、あえて確認しておきたい。

親鸞の文の要約を続ける。

この「信心」を得ることを、「慶喜《きようき》」という。「慶喜」する人は、諸仏とひとしい人となづける。「慶」はよろこぶという意味、信心を得てのちによろこぶこと。「喜」は、よろこぶ心が絶えず、常であることをいう。得るべきことを得たのちに、身も心もよろこぶことである。「信心」を得た人を「分陀利華《ふんだりけ》」(『観経』)という。この「信心」の得難いことを、経典には「極難信法《ごくなんしんほう》」とのべられている。その故に、『無量寿経』には「若聞斯経《にやくもんしきよう》、信楽受持《しんぎようじゆじ》、難中之難《なんちゆうしなん》、無過此難《むかしなん》」(「もしこの経を聞きて、信楽受持することは、難のなかの難、これに過ぎたる難はなけん」)

と教えている。

右の経典の言葉の意味は、もしこの経典を聞いても、信じることは、困難のなかにも困難であり、これより困難なことはない、ということ。釈迦牟尼如来《しやかむにによらい》は（この経典のなかで）、自分は「五濁悪世《ごじよくあくせ》」に現れて、この「難信《なんしん》の法」を実践し、涅槃に到達したのだと、と説いておられる。そして、この「智慧の名号」を「五濁悪世」に生きる人間にお与えになったのである。

十方《じつぽう》の諸仏が（名号の価値を）証明し、ガンジス川の砂ほどの如来たちが（念仏者を）保護するというのも、ひとえに「真実信心」のためなのである。釈迦は慈父《じふ》、阿弥陀仏は悲母《ひも》である。その釈迦や阿弥陀仏は、種々の「方便《ほうべん》」（手立て）をつくして、私どもに「無上の信心」を開き、起こされるのだ、と知るべきである。過去に多数の仏たちが世に現れ、そのもとで私たちも自力によって、「無上の信心」を得ようと決意し、無数の善根《ぜんごん》を創り出してきたのであり、その果報によって、いまこうして阿弥陀仏の本願に出遇《であ》うことができたのである。だから、「他力」の「三信心」を得た人は、けっして他人の善の実践や、阿弥陀仏以外の

仏陀や聖人を軽蔑してはならない。

このあと、『唯信鈔』の本文では、念仏を称えるには「三つの心」が不可欠だという『観無量寿経』の教えが説かれる。具体的にいえば、「至誠心《しじょうしん》・深心《じんしん》・廻《え》向発《こうほつ》願心《がんしん》」の三つである。称名だけでも極楽に生まれる者はいることはいるが、きわめて少ない、稀《まれ》なのである。その理由は、この「三心《さんじん》」を具えて念仏をしないからだと経典はのべている。またこの経典を重視した善導も、三心のなかのどの一心でも欠けるようならば、極楽には生まれることはできない、と強調している。

私たちは、法然上人によって、「ただ念仏するだけでよい」と教えられている。念仏をする際に、条件が必要だとは思っていない。しかし、それは法然上人のおかげであって、法然上人以前では、『観無量寿経』に説かれている「三心」は、極楽往生のためには不可欠の条件と考えられていたのである。

『唯信鈔』が、このように法然上人によって、いわば諸種の条件を乗り越えられた結論だけではなく、あらためて、法然上人がどのような課題を乗り越えてこられたのかを、いわばふり返るはたらきをしている点は、今の私たちには大切だと思われる。なぜならば、専修念仏という教えの革命性をはっきりと認識できていないと、「行」が簡単であるだけに、独りよがりな理解に堕してゆく危険性が強いからである。

さらに、「専修念仏」にいたる過程で大切なことは、同じく本願念仏の根拠として『無量寿経』が説いている第十八願のなかにある「三信心《さんしんじん》」、つまり「至心《ししん》・信《しん》楽《ぎょう》・欲生我国《よくしょうがこく》」と、『観無量寿経』が説く「至誠心《しじょうしん》・深心《じんしん》・廻《え》向発願心《こうほつがんしん》」という「三心《さんじん》」との関係はどうなっているのか、という問題をはっきり解決しておくことである。

『文意』のつぎの説明は、この点に関わっている。

5.『文意』四

*「三心を具すれば、必ず彼《か》の国に生まる」（「具三心者《ぐさんじんしや》　必生彼国《ひつしようひこく》」）

右の文は、「三心」を具えれば必ず彼の国（「浄土」）に生まれる、という意味である。それゆえに、善導は、「具此三心《ぐしさんじん》、必得往生也《ひつとくおうじようや》。若少一心《にやくしよういつしん》、即不得生《そくふとくしよう》」と仰っている。「具此三心」というのは、三つの心をそなえるべし、ということ。「必得往生」というのは、往生を必ず得る、ということ。「若少一心」（「もし一心を欠けば」）とは、「若」は、「もし」ということ、「ごとし」ということ。「少」は、「欠く」ということ、「少ない」ということ。「一心が欠けるなら生まれることができない」ということ。「一心が欠ける」ということは、「信心」の欠けること。「信心が欠ける」とは、「本願真実の三信心」が欠けることである。

『観無量寿経』の「三心」を得た後に、『無量寿経』の「三信心」を得ることを「一心」を得るというのである。

ここで説明を加えておく。『無量寿経』が第十八願で説く「至心・信楽・欲生我国」という三つの心は、人間の起こす心ではなく、称名という「行」を実践することで身につく、阿弥陀仏の心、つまり仏心のことであり、その仏心を、親鸞は「信楽」という文字であらわす。これは「至心・信楽・欲生我国」という三つの心の一つと誤解されやすいが、親鸞にとっては、「至心・信楽・欲生我国」の中心は「信楽」にあり、さらに、この言葉が「三信心」そのものを代表すると考えられている。それゆえに「一心《いっしん》」ともよばれる。

「三信心」、なかでも「信楽」＝「一心」は、「仏心」そのものであり、先にふれたようにサンスクリットでいえば「澄浄心」のことである。この「仏心」を手に入れるためには、『観無量寿経』に説く「三心」を一度手に入れてから、あらためて、「信楽」（「澄浄心」）を「称名」によって手に入れる、という経過が、念仏者には必要だと考えられていたのである。なぜ『観無量寿経』の「三心」を経験する必要があるのか、それは「他力」が分かるためであろう。「他力」の必要性は、「自力」を尽くし、挫折した経験があってはじめて了解できる。つまり「他力」にいたるプロセスとして、「自力」の「三心」を経験してみよ、というのである。

確認だが、善導が「三心」のうち「一心」でも欠ければ、往生はむつかしいといっている、その「一心」は、善導の段階では、「三心」(「至誠心」・「深心」・「廻向発願心」)のなかの一つを意味した。だが、親鸞は、はっきりと、求められている「一心」は、人間の起こす心ではなく、信楽であり、澄浄心であり、称名という「行」によって行者にもたらされる「阿弥陀仏の心」のこととなっている。「一心」も欠けてはならないという、その「一心」が「仏心」であるとなれば、私たちの理解も進むであろう。

ではさらに読み進める。

＊「一心」を「欠く」

『無量寿経』の「三信心」を得ることができない状態を「一心」を欠く、という。この「一心」が欠けると「真実の浄土」（「真の報土《ほうど》」）には生まれることはできない。

ところで、『観無量寿経』に説く「三心」は、「定散二機《じょうさんにき》」の心をいう。

術語の説明をする。「定散二機」の「機」は人間を意味するが、もとは「からくり」の意味。「からくり」は、そこに加わる力次第で動きが変わるが、人間も内外の力によって動きが変わる。「定」は瞑想、「散」は道徳を意味する。「瞑想」や「道徳」の実践を得意とする人々のことを「定散二機」という。つまり、『観無量寿経』に説く「三心」は、一つは、誠を尽くすことであり、二つは、日常よりも深い無意識に働きかける修行であり、三つは、さまざまな道徳的善行を蓄えてそれらを悟りの世界に振り向ける、といった心のこと。だが、『観無量寿経』が説く「三心」

では、まだ、瞑想や道徳的実践の段階にとどまり、そのままでは「他力」を選択したとはいえない。だからこそ、『観無量寿経』の「三心」から、もう一段さきへ進む必要がある。それが『無量寿経』の説く「三信心」、つまり「一心」の確保なのである。いうまでもないが、その確保は「称名」という「行」の実践によってもたらされる。

＊「「三信心」を得る」

『観無量寿経』に説く「三心」のうち、「至誠心」と「深心」の二つは、『無量寿経』の「三信心」を得るための「方便」の教えである。真実の「三信心」を得ることができないことを「即不得生《そくふとくしょう》」という。「即」は、「すなわち」、「不得生」とは、「生まれることができない」ということ。「三信心」（「一心」）が欠けるから「浄土」（「報土」）に生まれることができないのである。

「定善《じょうぜん》」（瞑想の持続）や「散善《さんぜん》」（道徳的徳目の実践）の段階では、まだ「他力」

を必要としていないので、「他力」の立場からは、「定善」や「散善」は「雑行《ぞうぎょう》」とみなされて、「雑修《ざつしゅ》」していると考えられる。それゆえに、「多生曠劫《たしょうこうごう》」を経て、「他力」の「一心」を得たのちに（「浄土」には）生まれることができるのであり、それに比べると（「定善」〈瞑想〉や「散善」〈道徳〉では）、「まだ（「浄土」に）生まれることができない」ことになる。

阿弥陀仏の「浄土」には、「胎生《たいしょう》」という「浄土」の郊外、辺鄙《へんぴ》な場所（「ニセの浄土」）があるというが、「瞑想」や「道徳」だけでは、そこにとどまって「五百歳」を経たのちに、はじめて「真の浄土」に生まれるのである。時には、億千万人のなかのわずかの人が、稀に「真の浄土」に進む者があるという。

このように、「三信心」（「一心」）を得ることが「真実の浄土」に生まれるためには不可欠なのであり、私たちは「三信心」を得るように願うべきなのである。

このあと『唯信鈔』は、弥陀の名号を称える人は少なくないが、往生する人が少ないのは、「三心」を具えて念仏しないからだとして、「三心」の一つ一つについて説明をする。

まず「至誠心」について。「至誠心」は「真実の心」であり、それを起こすことは、心の内外が一致していてはじめて生まれるのであるから、普通の人間には容易に起こすことができない。それ故に、善導は「不《ふ》得《とく》外《げ》現《げん》賢《げん》善《ぜん》精《しょう》進《じん》之《し》相《そう》内《ない》懐《え》虚《こ》仮《け》」（「外に賢善精進の相を現わし、内に虚仮をいだくを得ざれ」〈「散善義《さんぜんぎ》」〉）と戒める。そこで親鸞は、この善導の言葉について以下のように、注釈を加える。

6.『文意』五

*「外に賢善精進の相を現ずること得ざれ」（「不《ふ》得《とく》外《げ》現《げん》賢《げん》善《ぜん》精《しょう》進《じん》之《し》相《そう》」）

この意味は、露骨に賢いすがた、善人らしい様子をあらわすことがないように、また、仏道修行に励んでいるかのような様子を示すことがないように、ということである。そのわけは、「内懐虚仮《ないえこけ》」（「内に虚仮をいだく」）にある。「内」はうちという、心の内に煩悩《ぼんのう》を具えているがゆえに、「虚」であり「仮」なのである。「虚」は、むなしくて実《じつ》がないこと、「仮」は、かりにして真実でないこと。

〔以下、一部は「仮名聖教所収本」を用いる〕

しかれば、如来がこの世を末法悪世《まっぽうあくせ》であると定められたわけは、一切有情《うじょう》には、まことの心がなく、師長《しちょう》を軽慢《きょうまん》し、父母に孝行せず、朋友《ほうゆう》に信なくして、悪をのみ好むゆえに、世間も出《しゅつ》世間の世界もみな、心と口とおのおの異なり、言葉と心が空虚だということである。「心口各異《しんくかくい》」とは、心と口に思い、言うところ、みなそれぞれ異なることである。「言念無実《ごんねんむじつ》」とは、言葉と心が一致しないこと。「実」は、「まこと」という言葉である。この世の人は、真実でない心があるだけで、浄土を願う人も、偽りとへつらいの心があるだけだ、と聞こえてくる。世を捨てるというのも、名や利のためだといわれる所以《ゆえん》である。

しかれば、私たちも善人ではなく、賢人でもない。賢人というのは、賢くて善《よ》い人のことである。私たちは、努力するこころもなく、懈怠《けたい》のこころだけがあり、こころの内は虚《むな》しく、偽り、飾り、へつらうこころだけが常であって、「まこと」はない身だと知るべきなのである。『唯信鈔』に「斟酌《しんしゃく》すべし」とあるのは、事のあり様にしたがって、見計らうべきだ、という言葉である。

『唯信鈔』は、ここで「深心」の説明をしている。この場合の「深心」は「信心」のことであり、「信心」とは「深く人の言葉を頼みとして疑わないこと」とする。本願念仏の教えに近づく人のなかには、自分のような怠け者で努力もしない人間では、阿弥陀仏もあきれて救いの対象とはして下さらないだろう、と勝手に決めこむ人がいるが、それは、阿弥陀仏の心の広さや深さが分かっていないのだ。罪が深ければ深いほど、極楽をねがうのがよい、という趣旨の説明の後に、「不簡《ふけんは》破戒罪根《かいざいこん》深《じん》」(「破戒と罪根の深きとをえらばず」)という言葉が示されている。

親鸞は、この言葉の意味を説明する。

7.『文意』六

＊「破戒と罪根の深きとを簡ばず」（「不簡破戒罪根深《ふけんはかいざいこんじん》」）

この意味は、もろもろの戒律を破る、罪の深い人を（阿弥陀仏は）排除されない、ということ。〔この内容は、さきにのべておいた通りであるから、「文意」二をよく見てほしい〕

このあと『唯信鈔』は、「廻向発願心」を解説するが、いささか問題がある。というのも、聖覚《せいかく》は、念仏の行者は「過去・現在の世で、身《しん》・口《く》・意《い》の三業《さんごう》で行った善を廻らして浄土に生まれようと願え」と述べているからである。自らの力で獲得した善行を振り向けて、浄土往生を願うというのは、文字通り「自力」ではないのか。

現に法然上人は、「往生は念仏の信否《しんぴ》によるべし」(「聖光《しょうこう》・法力《ほうりき》・安楽《あんらく》三上人との問答」)と、念仏を信じることが本願念仏の行者の資格であり、「廻向発願心と云《いう》は、往生して衆生を利益《りやく》せんと思う心也《なり》」(「十二問答」)とのべておられる。

親鸞は、「廻向」については、徹底してその主体は阿弥陀仏にあるとしている。このように見ると、本願念仏の理解も、聖覚の段階では、「廻向」に関していえば、「他力」から、もとの常識的な理解(「自力」)に戻ったように見える。「法」の伝承の難しさを感じるのは私だけであろうか。

さて、『唯信鈔』は、続いて、第十八願の「乃至十念《ないしじゅうねん》、若不生者《にゃくふしょうしゃ》、不取正覚《ふしゅしょうがく》」に言及する。そこで、親鸞はつぎのように解説する。

8.『文意』七

*「乃至十念せん、もし生ぜずば、正覚を取らじ」(「乃至十念《ないしじゆうねん》、若不生者《にやくふしようしや》、不取正覚《ふしゆしようがく》」)

この文は、「選択《せんちやく》本願」のなかにある。阿弥陀仏の「御な」を「少なくとも十回、称える」ものが、もし私の国に生まれないのなら、私、法蔵は仏にはならない、という意味であり、第十八願のなかの言葉である。「乃至」は、「上、下」、「多、少」、「遠、近」、「久しい」こと、すべてをふくむ言葉である。念仏は数多く称えるのがよい、という考え、あるいは、念仏は一度だけ称えるので十分だという考え、いずれをもとどめるために、法蔵が願われた誓いの言葉なのである。

ついで『唯信鈔』本文は、「十念」に関連して「法華」の「一念随喜《ずいき》」(「一心に仏に帰依《きえ》すること」)が「非権非実の理《ひごんひじつのり》」(「権」は「現象」、「実」は「本体」、「本質」。仮の現象と本体が一体化している教え)に達する、という言葉に言及するが、その点について親鸞はつぎのようにのべる。

9.『文意』八

（『唯信鈔』にいう）「非権非実」という言葉は、法華宗の教えである。浄土真宗の心を伝えるものではない。聖道《しょうどう》仏教の人たちの心であり、（不審があれば）彼らに聞いてみるのがよい。

＊「非《ひ》権《ごん》非《ひ》実《じつ》」

ついで『唯信鈔』は、『観無量寿経』では、浄土や阿弥陀仏を静かに観想し、深く念じることが教えられているが、極悪人の場合は、死ぬ直前に善知識の勧めにより、ただ口に十遍念仏を称えるだけで浄土に生まれることができる、と教える。このことに関して、経典は、「汝若不能念者」（「汝、もし〈仏を〉念ずること能わざれば」）、「応称無量寿仏」（「まさに無量寿仏と称すべし」）、また、「具足十念、称南無無量寿仏、称仏名故、於念念中、除八十億劫、生死之罪」（「十念を具足して南無無量寿仏と称う。仏名を称うる故に、念念のなかにおいて、八十億劫の生死の罪を除く」）とのべ、善導は、「若我成仏《にゃくがじょうぶつ》、十方衆生《じっぽうしゅじょう》、称我名号《しょうがみょうごう》、下至十声《げしじっしょう》、若不生者《にゃくふしょうしゃ》、不取正覚《ふしゅしょうがく》」（「もし我成仏せんに、十方の衆生、我が名号を称え、下十声《しもじっしょう》に至らん。もし生まれずば、正覚を取らじ」）とのべていると紹介している。これらのことについて、親鸞はつぎのように説明する。

10.『文意』九

*「汝、もし念ずることができなければ」（「汝若不能念《にょにゃくふのうねん》」）

この意味は、五逆十悪の罪人、あるいは、不浄な動機で説教をするものが、病の苦しみのために心に阿弥陀仏を念じることができなければ、ただ口で南無阿弥陀仏と称えよ、というすすめを意味する。これは、称名を本願とする誓いのあらわれであり、「応称《おうしょう》無量寿仏」ということである。「応称」とは、称えるのがよい、ということ。「応」は、「まさにすべし」という意味。

「具足十念《ぐそくじゅうねん》、称南無《しょうなむ》無量寿仏《むりょうじゅぶつ》、称仏名故《しょうぶつみょうこ》、於念念中《おねんねんちゅう》、除八十億劫《じょはちじゅうおっこう》、生死之《しょうじし》罪《ざい》」（「十念を具足して南無無量寿仏と称う。仏名を称うるが故に、念々の中に於て、八十億劫の生死の罪を除く」）の意味はつぎのとおり。五逆の罪人はその身に積もる罪を除くためには、八百億劫《こう》（「十八十億劫」）が必要という。だが、一念で八十億劫の罪を滅することができるのであるから、十回、「南無阿弥陀仏」と称えればよい、と。

一念に十の八十億劫の罪を消せないわけではないが、五逆の罪の重さを知らせるための一文である。「十念」は、ただ口に十返、称えよということ。

しかれば、第十八願では、「若我成仏《にゃくがじょうぶつ》、十方衆生《じっぽうしゅじょう》、称我名号《しょうがみょうごう》、下《げ》至十声《しじっしょう》、若不《にゃくふ》生者《しょうしゃ》、不取正覚《ふしゅしょうがく》」（「もし我れ成仏せんに、十方の衆生、我が名号を称え、下十声に至らん。もし生まれずば、正覚を取らじ」）というが、阿弥陀仏は、「十声」まで称える衆生はみな往生すると知らせようとお考えになり「十声」と仰《おつしや》っているのである。「念」と「声」は一つの心なのである。「念」を離れた「声」もなく、「声」を離れた「念」もない。

この文については、思うほどには申してはいない。しかるべきよき人に尋ねてください。深い意味も、この文章から推測できるでしょう。

『文意』は以上で終わる。このあと、『唯信抄』は、本願念仏に関する誤解を、およそつぎのように批判している。参考までに要約して紹介しておこう。

死に面した臨終の念仏がいかに優れた効果をもたらすか。だが、前世の宿業《しゆくごう》の善悪が分からない自分のようなものが成仏できることはむつかしいという人もいる。それは、念仏の力がいかなる宿業のはたらきよりも上回っていることを疑っているだけのことであろう。あるいは、五逆の大罪を犯した者が十声の念仏で往生できるというが、それもその人間の前世での善行《ぜんこう》がはたらいているからなのであり、いくら念仏をしていても、自分らのごとき宿善《しゅくぜん》のないものは所詮、往生はむつかしいという人がいる。だが、現にそのようにいう人が念仏しているということ自体、宿善がある証拠ではないか。

また、浄土に生まれるためには、疑いなく本願を信じることが大切であり、念仏は一声で十分だという考えがある。だが、大切なことは、一声の念仏で浄土に生まれることができると信じて、一生涯、念仏を怠ることがないようにすることなのである。

要は、私が本願念仏に出遇うことが遅くなれば先人に導かれ、私が先に出遇うことができれば後の人を導くことだ。六道のいかなる境涯のなかにいるとも、互いに善友《ぜんぬ》となり、互いに仏道を修めて、世々《せせ》に善知識《ぜんちしき》として、ともに迷執《めいしゅう》を断《た》とうではないか。

このあと、釈迦、弥陀、観音、勢至、もろもろの清浄なる人々、法界に満ちる存在、これらのすべてが私、聖覚の念仏の一心に誤りのないことを証明してほしい、との旨の文言が記された後、つぎのように結ばれている。

草本云《いわく》
承久三歳仲秋中旬第四日
安居院《ノ》法印聖覚《ノ》作
寛喜二歳仲夏下旬第五日　以《モテ》彼《カノ》草本《ソウホン》真筆《シンヒツヲ》
愚禿釈《ノ》親鸞書写《ス》之《ヲ》

この部分の読み下しをする。

草本に曰《いわ》く、
承久《じょうきゅう》三年（一二二一）八月十四日
安居院《あぐいん》法印《ほういん》聖覚作
寛喜《かんぎ》二年（一二三〇）五月二十五日　彼草本真筆を以《もっ》て

愚禿釈《ぐとくしやく》親鸞これを書き写す

11.『文意』十

南無阿弥陀仏

田舎の人々は文字の意味も知らず、あさましくも愚さがきわまりないが、そのような人々にも分かってもらいたいと思って、同じことをくりかえし書いた。分かっている人からすれば、おかしく思われ、嘲《あざけ》りをなされるかもしれない。しかし、大方の人からのそしりを顧《かえり》みず、ただ愚かな人にも心得やすいようにと思って記した。

康元《こうげん》二(一二五七)年正月二十七日
愚禿《ぐとく》親鸞八十五歳

これを書き写す

おわりに

法然上人の語録のなかに、つぎのような意味の一節がある。私たちが煩悩から解放されることはないが、煩悩を「心の客」とし、念仏を「心の主人」にすれば、煩悩も往生の邪魔はしないものだ、と。原文は、「煩悩をば心のまら（客）人とし、念仏をば心のあるじ（主）としつれば、あながちに往生をばさえ（障）ぬ也」（「七箇条の起請文」）である。

私はこの一文を読むたびに、念仏者たちが、法然上人に質問している情景を思い浮かべる。「自分たちは称名をしていても、一向に気持ちが平静にもならず、利害に心を動かされ続けているが、こんな状態で救われたといえるのでしょうか」、と。するど、法然上人は右に引用した言葉を口にされる。

なぜこのような情景を思い起こすかといえば、同じような状況が私の周りでもよく生じるからである。念仏をしていても、自分の騒がしい気持ちにはなんの変化もなく、不安が解消されるわけでもない、こんなことでよいのか、と。

法然上人は、「ただ念仏するだけでよい」と教えられた。それは、念仏が阿弥陀仏から与えられた「行」であり、私たちは「ただ唱えるだけ」なのである。煩悩を「そのまま」にして、ただ念仏を唱えればよい。

だが、人は、信仰らしきものを得ると、今までの精神生活とはガラリと変わり、新しい境地が生まれるものだという「思い込み」にとらわれやすい。その「思い込み」が、法然上人の右の言葉を必要とするのであろう。

ただ、私の乏しい経験からいっても、称名の暮らしが続くと、現実が、以前よりも客観化できるようになる。さきの法然上人の言葉でいえば、煩悩を「客」とし、念仏を「主人」とする心境が日常的に生じるのである。そしてなによりも、死後は浄土に生まれるという希望が、現実の暮らしに安心感をもたらしてくれる。

『唯信鈔』や『唯信鈔文意』では、「信」という文字が正面に出ているが、大事なことは「南無阿弥陀仏」と唱えることにある。称名ができるためには、本願に納得していなければならない。納得があってはじめて、念仏という「行」の実践も可能となる。その納得が今までの言葉でいえば「信」なのである。ここで強調されているのは、そういう意味での「信」にほかならない。しかも、その「信」は「行」のためにある。

「行」は、「あらしめる」という「形成力」を意味する。称名という「行」には、私を真実な存在へと導くはたらきがある。ただ、その完成は「浄土」を待たねばならない。しかし、「浄土」への道を日々歩いていることには変わりはない。そこに、いささかの安堵がある。

本書を手にしてくださった方々が、こうした「浄土」への道を歩む安心感を共にしてくださることを期待してやまない。

本書もまた、筑摩書房編集部の藤岡泰介さんの励ましとお世話になった。心から御礼を申し上げる。

また、読者諸氏がさらに知識を深めたい、あるいは考え方を確かめたい、というお気持ちを持たれた際に、お役に立ちそうな拙著をいくつか記しておく。

『選択本願念仏集――法然の教え』角川ソフィア文庫
『無量寿経』ちくま学芸文庫
『『教行信証』入門』筑摩書房
『歎異抄』ちくま学芸文庫
『『歎異抄』講義』ちくま学芸文庫
『親鸞からの手紙』ちくま学芸文庫
『親鸞』ちくま新書
『法然入門』ちくま新書

なお、『唯信鈔文意』と『唯信鈔』の現代語訳としては、

『大乗仏典――中国・日本篇　22　親鸞』（中央公論社、一九八七年）

所収の、梶山雄一氏訳をすすめたい。

二〇二三年八月二十九日　横浜の寓居にて

阿満利麿

唯信鈔《ゆいしんしょう》（傍線は親鸞が『唯信鈔文意』で解説を加えている箇所を示す）

安居院法印聖覚作《あぐいほういんせいかくさく》

それ、生死《しょうじ》をはなれ、仏道《ぶつどう》をならんとおもわんに、ふたつのみちあるべし。ひとつには聖道門《しょうどうもん》、ふたつには浄土門《じょうどもん》なり。聖道門というは、この娑婆《しゃば》世界にありて、行《ぎょう》をたて功《こう》をつみて今生《こんじょう》に証《しょう》をとらんとはげむなり。いわゆる、真言《しんごん》をおこなうともがらは、即身《そくしん》に大覚《だいかく》のくらいにのぼらんとおもい、法華《ほっけ》をつとむるたぐいは、今生に六根《ろっこん》の証《しょう》をえんとねがうなり。まことに教《きょう》の本意《ほんい》、しるべけれども、末法《まっぽう》にいたり濁世《じょくせ》におよびぬれば、現身《げんしん》にさとりをうること、億億《おくおく》の人の中に一人《いちにん》もありがたし。これによりて、いまのよにこの門をつとむる人は、即身《そくしん》の証《しょう》においては、みずから退屈《たいくつ》のこころをおこして、あるいは、はるかに慈尊《じそん》の下生《げしょう》を期《ご》して、五十六億七千万歳のあかつきのそらをのぞみ、あるいは、とおく後仏《ごぶつ》の出世をまちて、多《た》生曠劫《しょうこうごう》、流転生死《るてんしょうじ》のよるのくもにまどえり。あるいは、わずかに霊山《りょうぜん》・補陀落《ふだらく》の霊《れい》地《ち》をねがい、あるいは、ふたたび天上人間《じんかん》の小報をのぞむ。結縁《けちえん》まことにとうとむべけれども、速証《そくしょう》すでにむなしきににたり。ねがうところ、なおこれ三界《さんがい》のうち、のぞむところ、また輪回《りんね》の報なり。なにのゆえか、そこばくの行業慧解《ぎょうごうえげ》をめぐらして、この小報をのぞまんや。まことにこれ大聖《だいしょう》をさることとおきにより、理《り》ふかく、さとりすくなきがいたすところか。ふたつに浄土門《じょうどもん》というは、今生《こんじょう》の行業《ぎょうごう》を廻向《えこう》して、順次生《じゅんししょう》に浄土《じょうど》にうまれて、浄土《じょうど》にして菩薩《ぼさつ》の行を具足《ぐそく》して、仏《ぶつ》にならんと願《がん》ずるなり。この門《もん》は末代《まつだい》の機《き》にかなえり。まことにたくみなりとす。ただし、この門に、またふたつのすじ、わかれたり。ひとつには諸行往生《しょぎょうおうじょう》、ふたつには念仏往生《ねんぶつおうじょう》なり。諸行往生というは、あるいは父母《ぶも》に孝養《きょうよう》し、あるいは師長《しちょう》に奉事《ぶじ》し、あるいは五戒《ごかい》・八戒《はっかい》をたもち、あるいは布施《ふせ》・忍辱《にんにく》を行《ぎょう》じ、乃至《ないし》三密《さんみつ》・一乗《いちじょう》の行《ぎょう》をめぐらして、浄土《じょうど》に往生せんとねがうなり。これみな往生をとげざるにあらず。一切の行はみなこれ浄土《じょうど》の行なるがゆえに。ただ、これはみずからの行《ぎょう》をはげみて往生をねがうがゆえに、自力《じりき》の往生となづく。行業《ぎょうごう》、もしおろそかならば、往生とげがたし。かの阿弥陀仏《あみだぶつ》の本願にあらず。摂取《せっしゅ》の光明《こうみょう》のてらさざるところなり。ふたつに念仏往生というは、阿弥陀の名号《みょうごう》をとなえて往生をねがうなり。これは、かの仏《ぶつ》の本願に順《じゅん》ずるがゆえに、正定《しょうじょう》の業《ごう》となづく。ひとえに弥陀《みだ》の願力《がんりき》にひかるるがゆえに、他力の往生となづく。そもそも名号《みょうごう》をとなうるは、なにのゆえに、かの仏の本願にかなうとはいうぞというに、そのことのおこりは、阿弥陀如来《あみだにょらい》いまだ仏になりたまわざりしむかし、法蔵比丘《ほうぞうびく》ともうしき。そのときに、仏ましましき。世自在王仏《せじざいおうぶつ》ともうしき。法蔵比丘すでに菩提心《ぼだいしん》をおこして、清浄《しょうじょう》の国土をしめて、衆生《しゅじょう》を利益《りやく》せんとおぼして、仏のみもとへまいりてもうしたまわく、「われすでに菩提心《ぼだいしん》をおこして、清浄《しょうじょう》の仏国《ぶっこく》をもうけんとおもう。ねがわくは、仏、わがために、ひろく仏国を荘厳《しょうごん》する無量の妙行《みょうぎょう》をおしえたまえ」と。そのときに、世自在王仏《せじざいおうぶつ》、二百一十億《にひゃくいちじゅうおく》の諸仏の浄土《じょうど》の人天《にんでん》の善悪《ぜんあく》、国土《こくど》の麁妙《そみょう》をことごとくこれをとき、ことごとくこれを現じたまいき。法蔵比丘《ほうぞうびく》これをきき、これをみて、悪《あく》をえらびて善《ぜん》をとり、麁《そ》をすてて妙《みょう》をねがう。たとえば、三悪道《さんまくどう》ある国土をば、これをえらびてとらず。三《さん》悪道《まくどう》なき世界をば、これをねがいてすなわちとる。自余《じよ》の願《がん》も、これになずらえてこころをうべし。このゆえに、二百一十億の諸仏の浄土《じょうど》の中《なか》よりすぐれたることをえらびとりて、極楽世界《ごくらくせかい》を建立《こんりゅう》したまえり。たとえば、やなぎのえだに、さくらのはなをさかせ、ふたみのうらに、きよみがせきをならべたらんがごとし。これをえらぶこと一期《いちご》の案《あん》にあらず。五劫《ごこう》のあいだ思惟《しゆい》したまえり。かくのごとく、微妙厳《みみょうごん》浄《じょう》の国土をもうけんと願《がん》じて、かさねて思惟《しゆい》したまわく、国土をもうくることは、衆生をみちびかんがためなり。国土たえなりというとも、衆生うまれがたくは、大《だい》悲大願《ひだいがん》の意趣《いしゅ》にたがいなんとす。これによりて、往生極楽《ごくらく》の別因《べついん》をさだめんとするに、一切《いっさい》の行みなたやすからず。孝養父母《きょうようぶも》をとらんとすれば、不孝《ふきょう》のものはうまるべからず。読誦大乗《どくじゅだいじょう》をもちいんとすれば、文句《もんく》をしらざるものはのぞみがたし。布《ふ》施《せ》・持戒《じかい》を因とさだめんとすれば、慳貪《けんどん》・破戒《はかい》のともがらはもれなんとす。忍辱《にんにく》・精進《しょうじん》を業《ごう》とせんとすれば、瞋恚《しんに》・懈怠《けだい》のたぐいはすてられぬべし。余《よ》の一切の行、みなまた、かくのごとし。これによりて、一切の善悪の凡夫《ぼんぷ》、ひとしくうまれ、ともにねがわしめんがために、ただ阿弥陀の三字の名号《みょうごう》をとなえんを、往生極楽《ごくらく》の別《べっ》因《いん》とせんと、五劫《ごこう》のあいだふかくこのことを思惟《しゆい》しおわりて、まず第十七に諸仏にわが名字《みょうじ》を称揚《しょうよう》せられんという願《がん》をおこしたまえり。この願《がん》、ふかくこれをこころうべし。名号をもって、あまねく衆生《しゅじょう》をみちびかんとおぼしめすゆえに、かつがつ名号《みょうごう》をほめられんとちかいたまえるなり。しからずは、仏の御《おん》こころに名誉《めいよ》をねがうべからず。諸仏にほめられて、なにの要かあらん。

「如来尊号甚分明《にょらいそんごうじんふんみょう》　十方世界普流行《じっぽうせかいふるぎょう》
但有称名皆得往《たんうしょうみょうかいとくおう》　観音勢至自来迎《かんのんせいしじらいこう》」（五会法事讃《ごえほうじさん》）

といえる、このこころか。さて、つぎに第十八に念仏往生《ねんぶつおうじょう》の願《がん》をおこして、十念のものをもみちびかんとのたまえり。まことにつらつらこれをおもうに、この願、はなはだ弘深《ぐじん》なり。名号は、わずかに三字なれば、盤特《はんどく》がともがらなりともたもちやすく、これをとなうるに、行住座臥《ぎょうじゅうざが》をえらばず、時処諸縁《じしょしょえん》をきらわず、在家・出家、若男《にゃくなん》・若女《にゃくにょ》、老《ろう》・少《しょう》、善《ぜん》・悪《あく》の人をもわかず、なに人《びと》かこれに、もれん。

「彼仏因中立弘誓《ひぶついんじゅうりゅうぐぜい》　聞名念我総迎来《もんみょうねんがそうこうらい》

不簡《ふけん》貧窮《びんぐ》将《しょう》富貴《ふき》　不簡《ふけん》下智《げち》与《よ》高才《こうさい》
不簡《ふけん》多聞《たもん》持浄戒《じじょうかい》　不簡《ふけん》破戒《はかい》罪根《ざいこん》深《じん》
但使《たんし》廻心《えしん》多念仏《たねんぶつ》　能令《のうりょう》瓦礫《がりゃく》変成金《へんじょうこん》」（五会法事讃）

このこころか。これを念仏往生とす。

龍樹菩薩《りゅうじゅぼさつ》の『十住毘婆沙論《じゅうじゅうびばしゃろん》』の中に、「仏道を行《ぎょう》ずるに難行道《なんぎょうどう》・易行道《いぎょうどう》あり。難行道というは、陸路《ろくろ》をかち（徒歩）よりゆかんがごとし。易行道というは、海路に順風《じゅんぷう》をえたるがごとし。難行道というは、五濁世《ごじょくせ》にありて、不退《ふたい》のくらいにかなわんとおもうなり。易行道というは、ただ仏を信ずる因縁《いんねん》のゆえに、浄土《じょうど》に往生するなり」といえり。難行道というは、聖道門《しょうどうもん》なり。易行道というは、浄土門《じょうどもん》なり。わたくしにいわく、浄土門《じょうどもん》にいりて諸行往生《しょぎょうおうじょう》をつとむる人は、海路にふねにのりながら順《じゅん》風《ぷう》をえず、ろ（櫓）をおし、ちからをいれて、しおじをさかのぼり、なみまをわくるにたとうべきか。

つぎに念仏往生の門《もん》につきて、専修《せんじゅ》・雑修《ざっしゅ》の二行《にぎょう》わかれたり。専修《せんじゅ》というは、極楽をねがうこころをおこし、本願《ほんがん》をたのむ信《しん》をおこすより、ただ念仏の一行《いちぎょう》をつとめて、まったく余行《よぎょう》をまじえざるなり。他の経《きょう》・呪《じゅ》をも、たもたず、余《よ》の仏《ぶつ》・菩薩《ぼさつ》をも念《ねん》ぜず、ただ弥陀の名号《みょうごう》をとなえ、ひとえに弥陀《みだ》一仏《いちぶつ》を念ずる、これを専修《せんじゅ》となづく。雑修《ざつしゅ》というは、念仏をむねとすといえども、また余の行をもならべ、他《た》の善《ぜん》をもかねたるなり。このふたつの中《なか》には、専修《せんじゅ》をすぐれたりとす。そのゆえは、すでにひとえに極楽をねがう。かの土の教主《きょうしゅ》を念ぜんほか、なにのゆえか他事《たじ》をまじえん。電光朝露《でんこうちょうろ》のいのち、芭蕉泡沫《ばしょうほうまつ》の身《み》、わずかに一世《いっせ》の勤修《ごんじゅ》をもちて、たちまちに五趣《ごしゅ》の古郷《こきょう》をはなれんとす。あに、ゆるく諸行をかねんや。諸仏菩薩《ぼさつ》の結縁《けちえん》は、随心供仏《ずいしんくぶつ》のあしたを期《ご》すべし、大小経典《だいしょうきょうでん》の義理《ぎり》は、百法明門《みょうもん》のゆうべをまつべし。一土《いちど》をねがい一仏《いちぶつ》を念ずるほかは、その用《よう》あるべからずというなり。念仏の門にいりながら、なお余行《よぎょう》をかねたる人《ひと》は、そのこころをたずぬるに、おのおの本業《ほんごう》を執《しゅう》してすてがたくおもうなり。あるいは、一乗《いちじょう》をたもち三密《さんみつ》を行ずる人、おのおのその行を廻向して浄土《じょうど》をねがわんとおもうこころをあらためず、念仏にならべてこれをつとむるに、なにのとがかあらんとおもうなり。ただちに本願《ほんがん》に順《じゅん》ぜる易行《いぎょう》の念仏をつとめずして、なお、本願にえらばれし諸行をならべんことのよしなきなり。

これによりて、善導和尚《ぜんどうかしょう》ののたまわく、「専《せん》をすてて雑《ぞう》におもむくものは、千《せん》の中《なか》に一人《いちにん》もうまれず、もし専修《せんじゅ》のものは、百に百ながらうまれ、千に千ながらうまる」（往生礼讃意《おうじょうらいさんい》）といえり。

「極楽無為涅槃界《ごくらくむいねはんがい》　随縁雑善恐難生《ずいえんぞうぜんくなんしょう》
故使如来選要法《こしにょらいせんようほう》　教念弥陀専復専《きょうねんみだせんぷせん》」（法事讃《ほうじさん》）

といえり。随縁《ずいえん》の雑善《ぞうぜん》ときらえるは、本業《ほんごう》を執《しゅう》するこころなり。たとえば、みやづかえをせんに、主君にちかづき、これをたのみてひとすじに忠節《ちゅうせつ》をつくすべきに、まさしき主君にしたしみながら、かねてまた、うとくとおき人にこころざしをつくして、この人、主君にあいて、よきさまにいわんことをもとめんがごとし。ただちにつかえたらんと、勝劣《しょうれつ》あらわにしりぬべし。二心《にしん》あると一心《いっしん》なると、天地はるかにことなるべし。これにつきて、人うたがいをなさく、「たとえば人ありて念仏の行をたてて毎日に一万遍《いちまんべん》をとなえて、そのほかは、ひめもす（終日）にあそびくらし、よもすがらねぶり（眠）おらんと、またおなじく一万をもうして、そののち経をもよみ余仏《よぶつ》をも念ぜんと、いずれかすぐれたるべき。『法華』に、「即往安楽《そくおうあんらく》」の文《もん》あり。これをよまんに、あそびたわぶれにおなじからんや。『薬師』には、八菩薩《ぼさつ》の引導あり。これを念ぜんは、むなしくね《（眠）》ぶらんににるべからず。かれを専修《せんじゅ》とほめ、これを雑《ざつ》修《しゅ》ときらわんこと、いまだそのこころをえず」と。いままたこれを案ずるに、なお専修《せんじゅ》をすぐれたりとす。そのゆえは、もとより濁世《じょくせ》の凡夫《ぼんぶ》なり。ことにふれてさわりおおし。弥陀これをかが《（鑑）》みて易行の道《どう》をおしえたまえり。ひめもすにあそびたわぶるるは、散乱増《さんらんぞう》のものなり。よもすがらねぶるは、睡眠増《すいめんぞう》のものなり。これみな煩悩《ぼんのう》の所為《しょい》なり。たちがたく伏《ふく》しがたし。あそびやまば念仏をとなえ、ねぶりさめば本願をおもいいずべし。専修《せんじゅ》の行にそむかず。一万遍《いちまんべん》をとなえて、そののちに他経・他仏を持念《じねん》せんは、うちきくところたくみなれども、念仏、たれか一万遍にかぎれとさだめし。精進《しょうじん》の機《き》ならば、ひめもすにとなうべし。念珠《ねんじゅ》をとらば、弥陀《みだ》の名号《みょうごう》をとなうべし。本尊《ほんぞん》にむかわば、弥陀の形像《ぎょうぞう》にむかうべし。ただちに弥陀の来《らい》迎《こう》をまつべし。なにのゆえか、八菩薩《ぼさつ》の示路《じろ》をまたん。もっぱら、本願の引導《いんどう》をたのむべし。わずらわしく、一乗の功能《くのう》をかるべからず。行者の根性《こんじょう》に上・中・下あり。上根のものは、よもすがら、ひぐらし、念仏をもうすべし。なにのいとまにか、余仏《よぶつ》を念ぜん。ふかくこれをおもうべし、みだりがわしくうたがうべからず。つぎに、念仏をもうさんには、三心《さんじん》を具《ぐ》すべし。ただ名号をとなうることは、たれの人か一念・十念の功《こう》をそなえざる。しかはあれども、往生するものはきわめてまれなり。これすなわち、三心《さんじん》を具《ぐ》せざるによりてなり。『観無量寿経《かんむりょうじゅきょう》』にいわく、「具三《ぐさん》心者《じんしゃ》　必生彼国《ひっしょうひこく》」といえり。善導の釈にいわく、「具此三心《ぐしさんじん》　必得往生也《ひっとくおうじょうや》　若少《にゃくしょう》一心《いっしん》　即不得生《そくふとくしょう》」（往生礼讃）といえり。三心の中に一心かけぬれば、うまるることをえずという。よの中に弥陀の名号をとなうる人おおけれども、往生する人のかたきは、この三心《さんじん》を具《ぐ》せざるゆえなりとこころうべし。その三心《さんじん》というは、ひとつには至誠心《しじょうしん》、これすなわち真実のこころなり。おおよそ、仏道にいるには、まずまことのこころをおこすべし。そのこころまことならずは、そのみちすすみがたし。阿弥陀仏の、むかし菩薩《ぼさつ》の行《ぎょう》をたて、浄土《じょうど》をもうけたまいしも、ひとえにまことのこころをおこしたまいき。これによりて、かのくににうまれんとおもわんも、またまことのこころをおこすべし。その真実心《しんじつしん》というは、不真実《ふしんじつ》のこころをすて、真実《しんじつ》のこころをあらわすべし。まことにふかく浄土《じょうど》をねがうこころなきを、人におう（遇）ては、ふかくねがうよしをいい、内心《ないしん》にはふかく今生《こんじょう》の名利《みょうり》に着《じゃく》しながら、外相《げそう》にはよをいとうよしをもてなし、ほかには善心あり、とうときよしをあらわして、うちには不善のこころもあり、放逸《ほういつ》のこころもあるなり。これを虚仮《こけ》のこころとなづけて、真実心にたがえる相《そう》とす。これをひるがえして、真実心をばこころえつべし。このこころをあしくこころえたる人は、よろずのこと、ありのままならずは、虚仮《こけ》になりなんずとて、みにとりて、はばかるべく、はじがましきことをも、人にあらわししらせて、かえりて放逸無慚《ほういつむざん》のとがをまねかんとす。いま真実心というは、浄《じょう》土《ど》をもとめ穢土《えど》をいとい、仏の願《がん》を信ずること、真実のこころにてあるべしとなり。かならずしも、はじをあらわにし、とがをしめせとにはあらず。ことにより、おりにしたがいてふかく酙酌《しんしゃく》すべし。善導の釈にいわく、「不得外現《ふとくげげん》賢善精進之相《げんぜんしょうじんしそう》内懐虚仮《ないえこけ》」（散善義）といえり。ふたつに深心《じんしん》というは、信心《しんじん》なり。まず信心の相《そう》をしるべし。信心というは、ふかく人のことばをたのみて、うたがわざるなり。たとえば、わがために、いかにも、はらぐろかるまじく、ふかくたのみたる人の、まのあたりよくよくみたらんところをおしえんに、「そのところには、やまあり、かしこには、かわあり」といいたらんを、ふかくたのみて、そのことばを信じてんのち、また人ありて、「それはひがごとなり、やまなし、かわなし」というとも、いかにも、そらごとすまじき人のいいてしことなれば、のちに百千人のいわんことをばもちいず、もとききしことをふかくたのむ、これを信心というなり。いま、釈迦《しゃか》の所説《しょせつ》を信じ、弥陀の誓願《せいがん》を信じてふたごころなきこと、またかくのごとくなるべし。いまこの信心につきてふたつあり。ひとつには、わがみは罪悪生死《ざいあくしょうじ》の凡夫《ぼんぶ》、曠《こう》劫《ごう》よりこのかた、つねにしずみ、つねに流転《るてん》して、出離《しゅつり》の縁《えん》あることなしと信ず。ふたつには、決定《けつじょう》してふかく阿弥陀仏の四十八願《しじゅうはちがん》、衆生《しゅじょう》を摂取《せっしゅ》したまうことを、うたがわざれば、かの願力《がんりき》にのりて、さだめて往生することをうと信ずるなり。よの人つねにいわく、「仏《ぶつ》の願《がん》を信ぜざるにはあらざれども、わがみのほどをはからうに、罪障《ざいしょう》のつもれることはおおく、善心のおこることはすくなし。こころつねに散《さん》乱《らん》して一心《いっしん》をうることかたし。身《み》とこしなえに懈怠《けだい》にして精進《しょうじん》なることなし。仏《ぶつ》の願《がん》ふかしというとも、いかでかこのみをむかえたまわん」と。このおもいまことにかしこきににたり、憍慢《きょうまん》をおこさず高貢《こうこ》のこころなし。しかはあれども、仏《ぶつ》の不思《ふし》議力《ぎりき》をうたがうとがあり。仏いかばかりのちからましますとしりてか、罪悪《ざいあく》のみ（身）なればすくわれがたしとおもうべき。五逆《ごぎやく》の罪人《ざいにん》すら、なお十念のゆえにふかく刹那《せつな》のあいだに往生をとぐ。いわんやつみ五逆《ごぎやく》にいたらず、功《こう》十念にすぎたらんをや。つみふかくは、いよいよ極楽《ごくらく》をねがうべし。「不簡破戒罪根深《ふけんはかいざいこんじん》」（五会法事讃）といえり。善すくなくは、ますます弥陀を念ずべし。「三念五念仏来迎《さんねんごねんぶつらいこう》」（法事讃）とのたまえり。むなしくみ（身）を卑下《ひげ》し、こころを怯弱《こうにやく》にして、仏智不思議《ぶつちふしぎ》をうたがうことなかれ。たとえば人ありて、たかききしのしもにありて、のぼることあたわざらんに、ちからつよき人きしのうえにありて、つなをおろして、このつなにとりつかせて、われきしのうえにひきのぼせんといわんに、ひく人のちからをうたがい、つなのよわからんことをあやぶみて、てをおさめてこれをとらずは、さらにきしのうえにのぼること、うべからず。ひとえにそのことばにしたごうて、たなごころをのべて、これをとらんには、すなわちのぼることをうべし。仏力《ぶつりき》をうたがい、願力《がんりき》をたのまざる人は、菩提《ぼだい》のきしにのぼることかたし。ただ信心のてをのべて、誓願《せいがん》のつなをとるべし。仏力無窮《ぶつりきむぐう》なり、罪障深重《ざいしようじんじゆう》のみをおもしとせず。仏智無辺《ぶつちむへん》なり、散乱《さんらん》放逸《ほういつ》のものをもすつることなし。信心を要とす、そのほかをばかえりみざるなり。信心決定《けつじょう》しぬれば、三心《さんじん》おのずからそなわる。本願《ほんがん》を信ずることまことなれば、虚《こ》仮《け》のこころなし。浄土《じょうど》まつことうたがいなければ、廻向《えこう》のおもいあり。このゆえに、三心《さんじん》ことなるににたれども、みな信心にそなわれるなり。みつには、廻《え》向発願心《こうほつがんしん》というは、な（名）のなかに、その義《ぎ》きこえたり。くわしくこれをのぶべからず。過現三業《かげんさんごう》の善根《ぜんごん》をめぐらして、極楽にうまれんと願ずるなり。つぎに、本願の文にいわく、「乃至十念《ないしじゅうねん》　若不生者《にゃくふしょうじゃ》　不取正覚《ふしゅしょうがく》」といえり。いま、この十念というにつきて、人うたがいをなしていわく、『法華』の「一念随喜《ずいき》」というは、ふかく非権非実《ひごんひじつ》の理《り》に達するなり。いま十念といえるも、なにのゆえか、十返《じっぺん》の名号《みょうごう》とこころえんと。このうたがいを釈《しゃく》せば、『観無量寿経《かんむりょうじゅきょう》』の下品下生《げぼんげしょう》の人《ひと》の相《そう》をとくにいわく、「五逆《ごぎゃく》十悪《じゅうあく》をつくり、もろもろの不善《ふぜん》を具《ぐ》せるもの、臨終《りんじゅう》のときにいたりて、はじめて善《ぜん》知識《ぢしき》のすすめによりて、わずかに十返《じっぺん》の名号《みょうごう》をとなえて、すなわち浄土《じょうど》にうまる」といえり。これさらにしずかに観《かん》じ、ふかく念ずるにあらず、ただくちに名号《みょうごう》を称《しょう》するなり。「汝若不能念《にょにゃくふのうねん》」と、いえり。これふかくおもわざるむねをあらわすなり。「応称無量寿仏《おうしょうむりょうじゅぶつ》」ととけり。ただあさく仏号《ぶつごう》をとなうべし、とすすむるなり。「具足十念《ぐそくじゅうねん》　称南無無量寿仏《しょうなむむりょうじゅぶつ》　称仏名故《しょうぶつみょうこ》　於念念中《おねんねんちゅう》　除八十億劫《じょはちじゅうおっこう》　生死之罪《しょうじしざい》」といえり。十念といえるは、ただ称名《しょうみょう》の十返《じっぺん》なり。本願《ほんがん》の文《もん》これになずらえてしりぬべし。善導和尚《ぜんどうかしょう》は、ふかくこのむねをさとりて、本願《ほんがん》の文《もん》をのべたまうに、「若我成仏《にゃくがじょうぶつ》　十方衆生《じっぽうしゅじょう》　称我名号《しょうがみょうごう》　下至十声《げしじっしょう》　若不生者《にゃくふしょうじゃ》　不取正覚《ふしゅしょうがく》」（往生礼讃）といえり。十声《じっしょう》といえるは口称《くしょう》の義《ぎ》をあらわさんとなり。

一　つぎに、また、人のいわく、臨終《りんじゅう》の念仏は功徳《くどく》はなはだふかし。十念《じゅうねん》に五《ご》逆《ぎゃく》を滅《めつ》するは、臨終《りんじゅう》の念仏のちからなり。尋常《じんじょう》の念仏は、このちから、ありがたしと、いえり。

これを案ずるに、臨終《りんじゅう》の念仏は、功徳《くどく》ことにすぐれたり。ただし、そのこころをうべし。もし、人、いのちおわらんとするときは、百苦《ひゃっく》み《(身)》にあつまり、正念《しょうねん》みだれやすし。かのとき仏《ぶつ》を念ぜんこと、なにのゆえかすぐれたる功徳《くどく》あるべきや。これをおもうに、やまいおもく、いのちせまりて、み《(身)》にあやぶみあるときには、信心おのずからおこりやすきなり。まのあたりよの人のならいをみるに、そのみ《(身)》おだしきときは、医師《くすし》をも陰陽師《おんようじ》をも信ずることなけれども、やまいおもくなりぬれば、これを信《しん》じて、この治方《じほう》をせばやまいいえなんといえば、まことにいえなんずるようにおもいて、くちににがきあじわいをもなめ、み《(身)》にいたわしき療治《りょうじ》をもくわう。もしこのまつりしたらば、いのちはのびなんといえば、たからをもおしまず、ちからをつくして、これをまつり、これをいのる。これすなわち、いのちをおしむこころふかきによりて、これをのべんといえば、ふかく信ずるこころあり、臨終《りんじゅう》の念仏、これになずらえてこころえつべし。いのち一刹那《せつな》にせまりて存《ぞん》ぜんことあるべからずとおもうには、後生《ごしょう》のくるしみたちまちにあらわれ、あるいは火車相現《かしゃそうげん》じ、あるいは鬼卒《きそつ》まなこにさい《(遮)》ぎる。いかにしてか、このくるしみをまぬかれ、おそれをはなれんとおもうに、善知識のおしえによりて十念の往生をきくに、深重《じんじゅう》の信心《しんじん》たちまちにおこり、これをうたがうこころなきなり。これすなわち、くるしみをいとうこころふかく、たのしみをねがうこころ切なるがゆえに、極楽に往生すべしときくに、信心たちまちに発《ほっ》するなり。いのちののぶべしというをききて、医師《くすし》・陰陽師《おんようじ》を信ずるがごとし。もしこのこころならば、最後の刹那《せつな》にいたらずとも、信心決定《けつじょう》しなば、一称《いっしょう》・一念《いちねん》の功徳《くどく》、みな臨終《りんじゅう》の念仏にひとしかるべし。

二　またつぎに、よの中の人のいわく、たとい弥陀の願力《がんりき》をたのみて極楽に往生せんとおもえども、先世《せんぜ》の罪業しりがたし、いかでかたやすくうまるべきや。業《ごう》障《しょう》にしなじなあり。順後業《じゅんごごう》というは、かならずその業《ごう》をつくりたる生《しょう》ならねども、後《ご》後生《ごしょう》にも果報《かほう》をひくなり。されば、今生《こんじょう》に人界《にんがい》の生《しょう》をうけたりというとも、悪道の業《ごう》を(身)みにそなえたらんことをしらず、かの業力《ごうりき》つよくして悪趣《あくしゅ》の生《しょう》をひかば、浄土にうまるること、かたからんかと。

この義《ぎ》まことにしかるべしというとも、疑網《ぎもう》たちがたくして、みずから妄見《もうけん》をおこすなり。おおよそ、業《ごう》ははかりのごとし、おもきものまずひく。もしわがみにそなえたらん悪趣《あくしゅ》の業《ごう》、ちからつよくは、人界《にんがい》の生をうけずして、まず悪道におつべきなり。すでに人界《にんがい》の生をうけたるにてしりぬ、たとい悪趣《あくしゅ》の業《ごう》を(身)みにそなえたりとも、その業《ごう》は人界《にんがい》の生をうけし五戒《ごかい》よりは、ちからよわしということを。もししからば、五戒《ごかい》をだにも、なおさえず、いわんや十念の功徳《くどく》をや。五戒《ごかい》は有漏《うろ》の業《ごう》なり、念仏は無漏《むろ》の功徳《くどく》なり。五戒《ごかい》は仏《ぶつ》の願《がん》のたすけなし、念仏は弥陀の本願《ほんがん》のみちびくところなり。念仏の功徳《くどく》はなおし十膳《じゅうぜん》にもすぐれ、すべて三界《さんがい》の一切の善根《ぜんごん》にもまされり。いわんや、五戒《ごかい》の少善《しょうぜん》をや。五戒《ごかい》をだにもさえざる悪業なり、往生のさわりとなることあるべからず。

三　つぎにまた人のいわく、五逆《ごぎゃく》の罪人《ざいにん》、十念によりて往生すというは、宿善《しゅくぜん》によるなり。われら宿善をそなえたらんことかたし。いかでか往生することをえんやと。

これまた、痴闇《ちあん》にまどえるゆえに、いたずらにこのうたがいをなす。そのゆえは、宿善のあつきものは、今生《こんじょう》にも善根《ぜんごん》を修《しゅ》し悪業《あくごう》をおそる。宿善《しゅくぜん》すくなきものは、今生に悪業をこのみ善根をつくらず。宿業《しゅくごう》の善悪《ぜんあく》は、今生のありさまにてあきらかにしりぬべし。しかるに、善心《ぜんじん》なし。はかりしりぬ、宿善すくなしということを。われら、罪業《ざいごう》おもしというとも、五逆《ごぎゃく》をばつくらず。善根《ぜんごん》すくなしといえども、ふかく本願《ほんがん》を信ぜり。逆者《ぎゃくしゃ》の十念すら宿善によるなり、いわんや、尽形《じんぎょう》の称念《しょうねん》むしろ宿善によらざらんや。なにのゆえにか、逆者《ぎゃくしゃ》の十念をば宿善《しゅくぜん》とおもい、われらが一生の称念《しょうねん》をば宿善あさしとおもうべきや。小智《しょうち》は菩提《ぼだい》のさまたげといえる、まことにこのたぐいか。

四　つぎに、念仏を信ずる人《ひと》のいわく、往生浄土《じょうど》のみちは、信心《しんじん》をさきとす。信《しん》心決定《じんけつじょう》しぬるには、あながちに称念《しょうねん》を要《よう》とせず。『経』（大経《だいきょう》）にすでに「乃至《ないし》一《いち》念《ねん》」ととけり。このゆえに、一念にてたれりとす。遍数《へんじゅ》をかさねんとするは、かえりて仏の願《がん》を信ぜざるなり。念仏を信ぜざる人とて、おおきにあざけりふかくそしると。

まず、専修念仏《せんじゅねんぶつ》というて、もろもろの大乗《だいじょう》の修行《しゅぎょう》をすてて、つぎに、一念の義《ぎ》をたてて、みずから念仏の行《ぎょう》をやめつ。まことにこれ魔《ま》界《かい》たよりをえて、末世《まっせ》の衆《しゅ》生《じょう》をたぶろかすなり。この説《せつ》ともに得失《とくしつ》あり。往生の業《ごう》、一念にたれりというは、その理《り》まことにしかるべしというとも、遍数《へんじゅ》をかさぬるは不信《ふしん》なりという、すこぶるそのことばすぎたりとす。一念をすくなしとおもいて、遍数《へんじゅ》をかさねずは往生しがたしとおもわば、まことに不信なりというべし。往生《おうじょう》の業《ごう》は一念《いちねん》にたれりといえども、いたずらにあかし、いたずらにくらすに、いよいよ功《こう》をかさねんこと要《よう》にあらずやとおもうて、これをとなえば、ひめもすにとなえ、よもすがらとなうとも、いよいよ功徳《くどく》をそえ、ますます業因決定《ごういんけつじょう》すべし。善導和尚《ぜんどうかしょう》は、「ちからのつきざるほどはつねに称念《しょうねん》す」といえり。これを不信の人とやはせん。ひとえにこれをあざけるも、またしかるべからず。一念といえるは、すでに経の文《もん》なり。これを信ぜずは、仏語《ぶつご》を信ぜざるなり。このゆえに、一念決定《いちねんけつじょう》しぬと信じて、しかも一生おこたりなくもうすべきなり。これ、正義《しょうぎ》とすべし。念仏の要義《ようぎ》おおしといえども、略《りゃく》してのぶることとかくのごとし。

これをみん人、さだめてあざけりをなさんか。しかれども、信謗《しんぼう》ともに因《いん》として、みな、まさに浄土《じょうど》にうまるべし。今生ゆめのうちのちぎりをしるべとして、来世《らいせ》さとりのまえの縁《えん》をむすばんとなり。われおくれば人にみちびかれ、われさきだたば人をみちびかん。生生《しょうじょう》に善友《ぜんぬ》となりて、たがいに仏道を修《しゅ》せしめ、世世《せせ》に知識《ちしき》として、ともに迷執《めいしゅう》をたたん。

本師釈迦尊《ほんじしゃかそん》　悲母弥陀仏《ひもみだぶつ》
左辺観世音《さへんかんぜおん》　右辺大勢至《うへんだいせいし》
清浄大海衆《しょうじょうだいかいしゅ》　法界三宝海《ほっかいさんぼうかい》

証明《しょうみょう》一心念《いちしんねん》　哀愍共《あいみんぐ》聴許《ちょうこ》

草本云《にいわく》

承久三歳仲秋中旬第四日

安居院ノ法印聖覚ノ作

寛喜二歳仲夏下旬第五日　以《モテ》㆓彼草本真筆《カノソウホンシンヒツヲ》㆒

愚禿釈ノ親鸞書㆓写《ス》之《ヲ》㆒

唯信鈔文意《ゆいしんしょうもんい》

『唯信鈔《ゆいしんしょう》』というは、「唯《ゆい》」は、ただこのことひとつという。ふたつならぶことをきらうことばなり。また「唯《ゆい》」は、ひとりというこころなり。「信」は、うたがいなきこころなり。すなわちこれ真実の信心なり。虚仮《こけ》はなれたるこころなり。「虚《こ》」は、むなしという。「仮《け》」は、かりなるということなり。「虚《こ》」は、実《じつ》ならぬをいう。「仮《け》」は、真《しん》ならぬをいうなり。本願他力《たりき》をたのみて自力《じりき》をはなれたる、これを「唯信《ゆいしん》」という。「鈔《しょう》」は、すぐれたることをぬきいだし、あつむることばなり。このゆえに『唯信鈔《ゆいしんしょう》』というなり。また「唯信《ゆいしん》」はこれ、この他力《たりき》の信心のほかに余《よ》のことならわずとなり。すなわち本弘誓願《ほんぐぜいがん》なるがゆえなればなり。

「如来尊号甚分明《にょらいそんごうじんふんみょう》　十方世界普流行《じっぽうせかいふるぎょう》　但有称名皆得往《たんうしょうみょうかいとくおう》　観音勢至自来迎《かんのんせいしじらいこう》」（五会法《ごえほう》

事讃《じさん》)。「如来尊号甚分明《にょらいそんごうじんふんみょう》」、このこころは、「如来《にょらい》」ともうすは、無礙光如来《むげこうにょらい》なり。「尊号」ともうすは、南無阿弥陀仏《なむあみだぶつ》なり。「尊」は、とうとくすぐれたりとなり。「号」は、仏《ぶつ》になりたもうてのちの御《み》な《(名)》をもうす。「名《みょう》」は、いまだ仏《ぶつ》になりたまわぬときの御《み》な《(名)》をもうすなり。この如来《にょらい》の尊号は、不可称・不可説・不可思議にましまして、一切衆生《しゅじょう》をして無上大般涅槃《だいはつねはん》にいたらしめたまう、大慈《だいじ》大悲のちかいの御《み》な《(名)》なり。この仏《ぶつ》の御《み》な《(名)》は、よろずの如来《にょらい》の名号《みょうごう》にすぐれたまえり。これすなわち誓《せい》願《がん》なるがゆえなり。「甚分明《じんふんみょう》」というは、「甚《じん》」は、はなはだという、すぐれたりというこころなり。「分《ふん》」は、わかつという、よろずの衆生ごとにとわかつこころなり。「明《みょう》」は、あきらかなりという、十方《じっぽう》一切衆生《しゅじょう》を、ことごとくたすけみちびきたまうこと、あきらかに、わかちすぐれたまえりとなり。「十方世界普流行《じっぽうせかいふるぎょう》」というは、「普《ふ》」は、あまねく、ひろく、きわなしという。「流行《るぎょう》」は、十方微塵世界《じっぽうみじんせかい》にあまねくひろまりて、すすめ、行《ぎょう》ぜしめたまうなり。しかれば、大小の聖人《しょうにん》、善悪《ぜんあく》の凡夫《ぼんぶ》、みなともに、自力《じりき》の智慧《ちえ》をもっては、大涅槃《だいねはん》にいたることなければ、無礙《むげ》光仏《こうぶつ》の御《おん》かたちは、智慧《ちえ》のひかりにてましますゆえに、この仏の智願海《ちがんかい》にすすめいれたまうなり。一切諸仏の智慧《ちえ》をあつめたまえる御《おん》かたちなり。光明《こうみょう》は智慧《ちえ》なりとしるべしとなり。「但有称名皆得往《たんうしょうみょうかいとくおう》」というは、「但有《たんう》」は、ひとえに御《み》な(名)をとなうる人のみ、みな往生すとのたまえるなり。かるがゆえに「称名皆得往《しょうみょうかいとくおう》」というなり。「観音勢至自来迎《かんのんせいしじらいこう》」というは、南無阿弥陀仏《なむあみだぶつ》は智慧《ちえ》の名号《みょうごう》なれば、この不可思議光仏の御《み》な(名)を信受して、憶念《おくねん》すれば、観音《かんのん》・勢至《せいし》は、かならずかげのかたちにそえるがごとくなり。この無礙光仏《むげこうぶつ》は、観音《かんのん》とあらわれ、勢至《せいし》としめす。ある『経』には、観音《かんのん》を宝応声菩薩《ほうおうしょうぼさつ》となづけて、日天子《にってんし》としめす。これは無明《むみょう》の黒闇《こくあん》をはらわしむ。勢至《せいし》を宝吉祥菩薩《ほうきつしょうぼさつ》となづけて、月天子《がってんし》とあらわる。生死《しょうじ》の長夜《じょうや》をてらして、智慧《ちえ》をひらかしめんとなり。「自来迎《じらいこう》」というは、「自」は、みずからというなり。弥陀《みだ》無数《むしゅ》の化仏《けぶつ》、無数《むしゅ》の化観音《けかんのん》、化大勢至《けだいせいし》等《とう》の、無量無数《むしゅ》の聖衆《しょうじゅ》、みずからつねに、ときをきらわず、ところをへだてず、真実信心をえたるひとにそいたまいて、まもりたまうゆえに、みずからともうすなり。また「自」は、おのずからという。おのずからというは、自然《じねん》という。自然《じねん》というは、しからしむという。しからしむというは、行者《ぎょうじゃ》の、はじめて、ともかくもはからわざるに、過去・今生《こんじょう》・未来の一切のつみを転ず。転ずというは、善とかえなすをいうなり。もとめざるに、一切の功徳《くどく》善根《ぜんごん》を、仏のちかいを信ずる人にえしむるがゆえに、しからしむという。はじめて、はからわざれば、「自然《じねん》」というなり。誓願《せいがん》真実の信心をえたるひとは、摂取不捨《せっしゅふしゃ》の御《おん》ちかいにおさめとりて、まもらせたまうによりて、行人《ぎょうにん》のはからいにあらず。金剛《こんごう》の信心をうるゆえに、憶念自然《おくねんじねん》なるなり。この信心のおこることも、釈迦《しゃか》の慈《じ》父《ふ》、弥陀《みだ》の悲母《ひも》の方便《ほうべん》によりて、おこるなり。これ自然《じねん》の利益《りやく》なりとしるべしとなり。「来迎《らいこう》」というは、「来」は、浄土《じょうど》へきたらしむという。これすなわち若不生者《にゃくふしょうじゃ》のちかいをあらわす御《み》のりなり。穢土《えど》をすてて、真実報土にきたらしむとなり。すなわち他力《たりき》をあらわす御《み》ことなり。また「来」は、かえるという。かえるというは、願海《がんかい》にいりぬるによりて、かならず大涅槃《だいねはん》にいたるを、法性《ほっしょう》のみやこへかえるともうすなり。法性《ほっしょう》のみやこというは、法身《ほっしん》ともうす如来《にょらい》の、さとりを自然《じねん》にひらくときを、みやこへかえるというなり。これを、真如実相《しんにょじっそう》を証すとももうす。無為法身《むいほっしん》ともいう。滅度《めつど》にいたるともいう。法性《ほっしょう》の常楽《じょうらく》を証すとももうすなり。このさとりをうれば、すなわち大慈《だいじ》大悲きわまりて、生死海《しょうじかい》にかえりいりて、普賢《ふげん》の徳に帰《き》せしむともうす。この利益《りやく》におもむくを、「来」という。これを法性《ほっしょう》のみやこへかえるともうすなり。「迎《こう》」というは、むかえたまうという、まつというこころなり。選択《せんじゃく》不思議の本願、無上智慧《ちえ》の尊号をききて、一念もうたがうこころなきを、真実信心というなり。金剛心《こんごうしん》ともなづく。この信楽《しんぎょう》をうるとき、かならず摂取《せっしゅ》してすてたまわざれば、すなわち正定聚《しょうじょうじゅ》のくらいにさだまるなり。このゆえに信心やぶれず、かたぶかず、みだれぬこと、金剛《こんごう》のごとくなるがゆえに、金剛《こんごう》の信心とはもうすなり。これを「迎《こう》」というなり。『大経《だいきょう》』には、「願生彼国《がんしょうひこく》　即得往生《そくとくおうじょう》　住不退《じゅふたい》転《てん》」とのたまえり。「願生彼国」は、かのくににうまれんとねがえとなり。「即得往生」は、信心をうればすなわち往生すという。すなわち往生すというは、不退転に住するをいう。不退転に住すというは、すなわち正定聚《しょうじょうじゅ》のくらいにさだまるとのたまう御《み》のりなり。これを「即得往生」とはもうすなり。「即」は、すなわちという。すなわちというは、ときをへず、日《ひ》をへだてぬをいうなり。おおよそ十方《じっぽう》世界にあまねくひろまることは、法蔵菩薩《ぼさつ》の四十八大願《だいがん》の中《なか》に、第十七の願に、十方《じっぽう》無量の諸仏にわがな《(名)》をほめられん、となえられんとちかいたまえる、一乗大智海《だいちかい》の誓願《せいがん》、成就《じょうじゅ》したまえるによりてなり。『阿弥陀経《あみだきょう》』の証誠護念《しょうじょうごねん》のありさまにて、あきらかなり。証誠護念《しょうじょうごねん》の御《おん》こころは、『大経《だいきょう》』にもあらわれたり。また称名《しょうみょう》の本願は、選択《せんじゃく》の正因《しょういん》たること、この悲願にあらわれたり。この文《もん》のこころは、おもうほどはもうさず。これにておしはからせたまうべし。この文《もん》は、後善導法照禅師《ごぜんどうほっしょうぜんじ》ともうす聖人《しょうにん》の御釈《ごしゃく》なり。この和尚《かしょう》をば法道和尚《かしょう》と、慈覚大師《じかくだいし》はのたまえり。また『伝《でん》』には、廬山《ろざん》の弥陀《みだ》和尚《かしょう》ともうす。浄業和尚《じょうごうかしょう》ともうす。唐朝《とうちょう》の光明寺《こうみょうじ》の善導和尚《かしょう》の化身《けしん》なり。このゆえに後善導《ごぜんどう》ともうすなり。

「彼仏因中立弘誓《ひぶついんじゅうりゅうぐぜい》　聞名念我総迎来《もんみょうねんがそうこうらい》　不簡貧窮将富貴《ふけんびんぐしょうふき》　不簡下智与高才《ふけんげちよこうさい》　不簡多聞《ふけんたもん》持浄戒《じじょうかい》　不簡破戒罪根深《ふけんはかいざいこんじん》　但使廻心多念仏《たんしえしんたねんぶつ》　能令瓦礫変成金《のうりょうがりゃくへんじょうこん》」（五会法事讃）。「彼《ひ》仏因中立弘誓《ぶついんじゅうりゅうぐぜい》」、このこころは、「彼」は、かのという。「仏」は、阿弥陀仏《あみだぶつ》なり。「因中」は、法蔵菩薩《ぼさつ》ともうししときなり。「立弘誓《りゅうぐぜい》」は、「立」は、たつという、なるという。「弘」は、ひろしという、ひろまるという。「誓」は、ちかいというなり。法蔵比丘《びく》、超世《ちょうせ》無上のちかいをおこして、ひろくひろめたまうともうすなり。超世《ちょうせ》は、よ(余)の仏の御《おん》ちかいにすぐれたまえりとなり。超《ちょう》は、こえたりというは、うえなしともうすなり。如来《にょらい》の、弘誓《ぐぜい》をおこしたまえるようは、この『唯信鈔《ゆいしんしょう》』にくわしくあらわれたり。「聞名念我《もんみょうねんが》」というは、「聞《もん》」は、きくという。信心をあらわす御《み》のりなり。「名《みょう》」は、御《み》な《(名)》ともうすなり。如来《にょらい》のちかいの名号《みょうごう》なり。「念我」ともうすは、ちかいのみな《(御名)》を憶念《おくねん》せよとなり。諸仏称名《しょうみょう》の悲願にあらわせり。憶念《おくねん》は、信心をえたるひとは、うたがいなきゆえに、本願をつねにおもいいずるこころのたえぬをいうなり。「総迎来《そうこうらい》」というは、「総《そう》」は、ふさねてという、すべて、みなということころなり。「迎《こう》」は、むかうるという、まつという。他力《たりき》をあらわすこころなり。「来」は、かえるという、きたらしむという。法性《ほっしょう》のみやこへ、むかえい《(率)》て、きたらしめ、かえらしむという。法性《ほっしょう》のみやこより、衆生利益《しゅじょうりやく》のために、この娑婆界《しゃばかい》にきたるゆえに、「来」をきたるというなり。法性のさとりをひらくゆえに、「来」をかえるというなり。「不簡貧窮将富貴《ふけんびんぐしょうふき》」というは、「不簡《ふけん》」は、えらばず、きらわずという。「貧窮《びんぐ》」は、まずしく、たしなきものなり。「将《しょう》」は、まさにという、もてという、い《(率)》てゆくという。「富貴《ふき》」は、とめるひと、よきひとという。これらを、まさにもてえらばず、きらわず、浄土《じょうど》へいてゆくとなり。「不簡下智《ふけんげち》与《よ》高才《こうさい》」というは、「下智《げち》」は、智慧《ちえ》あさく、せばく、すくなきものとなり。「高才《こうさい》」は、才学《さいかく》ひろきもの。これらをえらばず、きらわずとなり。「不簡多聞持浄戒《ふけんたもんじじょうかい》」というは、「多聞《たもん》」は、聖教《しょうぎょう》をひろく、おおく、きき、信ずるなり。「持」は、たもつという。たもつというは、ならいまなぶことを、うしなわず、ちらさぬなり。「浄《じょう》戒《かい》」は、大小乗のもろもろの戒行《かいぎょう》、五戒《かい》八戒《かい》、十善戒《じゅうぜんかい》、小乗の具足衆戒《ぐそくしゅかい》、三千の威《い》儀《ぎ》、六万の斎行《さいぎょう》、梵網《ぼんもう》の五十八戒《かい》、大乗一心金剛法戒《こんごうほうかい》、三聚浄戒《じゅじょうかい》、大乗の具足戒《かい》等、すべて道俗の戒品《かいほん》、これらをたもつを「持」という。かようのさまざまの戒品《かいほん》をたもてる、いみじきひとびとも、他力《たりき》真実の信心をえてのちに、真実報土には往生をとぐるなり。みずからの、おのおのの戒善《かいぜん》、おのおのの自力《じりき》の信、自力《じりき》の善にては、実報土《じっぽうど》にはうまれずとなり。「不簡破戒罪根深《ふけんはかいざいこんじん》」というは、「破戒《はかい》」は、かみにあらわすところの、よろずの道俗の戒品《かいほん》をうけて、やぶりすてたるもの、これらをきらわずとなり。「罪根深《ざいこんじん》」というは、十悪五逆の悪人《あくにん》、謗法闡提《ほうぼうせんだい》の罪人《ざいにん》、おおよそ善《ぜん》根《ごん》すくなきもの、悪業《あくごう》おおきもの、善心《ぜんじん》あさきもの、悪心ふかきもの、かようのあさましき、さまざまのつみふかきひとを、「深」という。ふかしということばなり。

すべて、よきひと、あしきひと、とうときひと、いやしきひとを、無礙《むげ》光仏《こうぶつ》の御《おん》ちかいには、きらわず、えらばれず、これをみちびきたまうをさきとし、むねとするなり。真実信心をうれば実報土《じっぽうど》にうまるとおしえたまえるを、浄土真宗の正意《しょうい》とすとしるべしとなり。「総迎来《そうこうらい》」は、すべてみな浄土《じょうど》へむかえかえらしむといえるなり。「但使廻心多念仏《たんしえしんたねんぶつ》」というは、「但使廻心《たんしえしん》」は、ひとえに廻心《えしん》せしめよということばなり。「廻心《えしん》」というは、自力《じりき》の心《しん》をひるがえし、すつるをいうなり。実報土《じっぽうど》にうまるるひとは、かならず金剛《こんごう》の信心のおこるを、「多念仏」ともうすなり。「多《た》」は、大《だい》のこころなり。勝《しょう》のこころなり。増上《ぞうじょう》のこころなり。大《だい》は、おおきなり。勝《しょう》は、すぐれたり。よろずの善にまさされるとなり。増上《ぞうじょう》は、よろずのことにすぐれたるなり。これすなわち他力《たりき》本願無上のゆえなり。自力《じりき》のこころをすつというは、ようよう、さまざまの、大小聖人《しょうにん》、善悪凡夫《ぼんぶ》の、みずからがみ《(身)》をよしとおもうこころをすて、み《(身)》をたのまず、あしきこころをかえりみず、ひとすじに、具縛《ぐばく》の凡《ぼん》愚《ぐ》、屠沽《とこ》の下類《げるい》、無礙光仏《むげこうぶつ》の不可思議の本願、広大智慧《ちえ》の名号《みょうごう》を信楽《しんぎょう》すれば、煩悩《ぼんのう》を具足しながら、無上大涅槃《だいねはん》にいたるなり。具縛《ぐばく》は、よろずの煩悩《ぼんのう》にしばられたるわれらなり。煩《ぼん》は、みをわずらわす。悩《のう》は、こころをなやますという。屠《と》は、よろずのいきたるものを、ころし、ほふるものなり。これは、りょうし《（猟師）》というものなり。沽《こ》は、よろずのものを、うりかうものなり。これは、あき人《びと》なり。これらを下類《げるい》というなり。「能令瓦礫変成金《のうりようがりやくへんじようこん》」というは、「能《のう》」は、よくという。「令《りよう》」は、せしむという。「瓦《が》」は、かわらという。「礫《りやく》」は、つぶてという。「変成金《へんじようこん》」は、「変《へん》成《じよう》」は、かえなすという。「金《こん》」は、こがねという。かわら・つぶてをこがねにかえなさしめんがごとしと、たとえたまえるなり。りょうし・あき人《びと》、さまざまのものは、みな、いし・かわら・つぶてのごとくなるわれらなり。如来《にょらい》の御《おん》ちかいを、ふたごころなく信楽《しんぎよう》すれば、摂取《せつしゆ》のひかりのなかにおさめとられまいらせて、かならず大涅槃《だいねはん》のさとりをひらかしめたまうは、すなわち、りょうし・あき人《びと》などは、いし・かわら・つぶてなんどを、よくこがねとなさしめんがごとしとたとえたまえるなり。摂取《せつしゆ》のひかりともうすは、阿弥陀仏《あみだぶつ》の御《おん》こころにおさめとりたまうゆえなり。文《もん》のこころは、おもうほどはもうしあらわし候《そうら》わねども、あらあらもうすなり。ふかきことは、これにておしはからせたまうべし。この文《もん》は、慈愍《じみん》三蔵ともうす聖《しよう》人《にん》の御釈《ごしゃく》なり。震旦《しんだん》には、恵日《えにち》三蔵ともうすなり。

「極楽無為涅槃界《ごくらくむいねはんがい》　随縁雑善恐難生《ずいえんぞうぜんくなんしょう》　故使如来選要法《こしにょらいせんようほう》　教念弥陀専復専《きょうねんみだせんぷせん》」（法事讃）。

「極楽無為涅槃界《ごくらくむいねはんがい》」というは、「極楽《ごくらく》」ともうすは、かの安楽浄土《あんらくじょうど》なり。よろずのたのしみつねにして、くるしみまじわらざるなり。かのくにをば安養《あんにょう》といえり。曇鸞《どんらん》和尚《かしょう》は、ほめたてまつりて安養ともうすとこそのたまえり。また『論』には、「蓮《れん》華蔵《げぞう》世界」ともいえり。無為《むい》ともいえり。「涅槃界《ねはんがい》」というは、無明《むみょう》のまどいをひるがえして、無上涅槃《ねはん》のさとりをひらくなり。「界」は、さかいという。さとりをひらくさかいなり。大涅槃《だいねはん》ともうすに、その名《な》無量なり。くわしくもうすにあたわず。おろおろ、その名をあらわすべし。「涅槃《ねはん》」をば、滅度《めつど》という、無為《むい》という、安楽《あんらく》という、常楽《じょうらく》という、実相という、法身《ほっしん》という、法性《ほっしょう》という、真如《しんにょ》という、一《いち》如《にょ》という、仏性《ぶっしょう》という。仏性《ぶっしょう》すなわち如来《にょらい》なり。この如来《にょらい》、微塵《みじん》世界にみちみちたまえり。すなわち、一切群生海《ぐんじょうかい》の心《しん》なり。この心《しん》に誓願《せいがん》を信楽《しんぎょう》するがゆえに、この信心すなわち仏性《ぶっしょう》なり。仏性《ぶっしょう》すなわち法性《ほっしょう》なり。法性《ほっしょう》すなわち法身《ほっしん》なり。法身《ほっしん》は、いろもなし、かたちもましまさず。しかれば、こころもおよばれず。ことばもたえたり。この一如《いちにょ》よりかたちをあらわして、方便法身《ほうべんほっしん》ともうす御《おん》すがたをしめして、法蔵比丘《びく》となのりたまいて、不可思議の大誓願《だいせいがん》をおこして、あらわれたまう御《おん》かたちをば、世親菩薩《せしんぼさつ》は、尽十方無礙光如来《じんじっぽうむげこうにょらい》となづけたてまつりたまえり。この如来《にょらい》を報身ともうす。誓願《せいがん》の業因《ごういん》にむくいたまえるゆえに、報身如来《にょらい》ともうすなり。報ともうすは、たねにむくいたるなり。この報身より、応化《おうけ》等の無量無数《むしゅ》の身《しん》をあらわして、微塵《みじん》世界に無礙《むげ》の智慧光《ちえこう》をはなたしめたまうゆえに、尽十方無礙光仏《じんじっぽうむげこうぶつ》ともうすひかりにて、かたちもましまさず、いろもましまさず。無明《むみょう》のやみをはらい、悪《あく》業《ごう》にさえられず。このゆえに、無礙光《むげこう》ともうすなり。無礙《むげ》は、さわりなしともうす。しかれば、阿弥陀仏《あみだぶつ》は、光明《こうみょう》なり。光明《こうみょう》は、智慧《ちえ》のかたちなりとしるべし。「随縁《ずいえん》雑善恐難生《ぞうぜんくなんしょう》」というは、「随縁《ずいえん》」は、衆生《しゅじょう》のおのおのの縁《えん》にしたがいて、おのおののこころにまかせて、もろもろの善を修《しゅ》するを、極楽《ごくらく》に廻向《えこう》するなり。すなわち八万四千の法門なり。これはみな自力《じりき》の善根《ぜんごん》なるゆえに、実報土《じっぽうど》にはうまれずと、きらわるるゆえに、「恐難生《くなんしょう》」といえり。「恐《く》」は、おそるという。真《しん》の報土《ほうど》に、雑《ぞう》善《ぜん》・自力《じりき》の善うまるということを、おそるるなり。「難生《なんしょう》」は、うまれがたしとなり。「故使如来選要法《こしにょらいせんようほう》」というは、釈迦如来《しゃかにょらい》、よろずの善のなかより名号《みょうごう》をえらびとりて、五濁悪時《ごじょくあくじ》・悪世界・悪衆生・邪見《じゃけん》無信のものに、あたえたまえるなりとしるべしとなり。これを「選」という。ひろくえらぶというなり。「要」は、もっぱらという、もとむという、ちぎるというなり。「法」は、名号《みょうごう》なり。「教念弥陀専復《きょうねんみだせんぷ》専《せん》」というは、「教」は、おしうという、のりという。釈尊の教勅《きょうちょく》なり。「念」は、心《しん》におもいさだめて、ともかくもはたらかぬこころなり。すなわち選択《せんじゃく》本願の名号《みょうごう》を一向専修《せんじゅ》なれと、おしえたまう御《み》ことなり。「専復《せんぷ》専《せん》」というは、はじめの「専」は、一行《いちぎょう》を修《しゅ》すべしとなり。「復《ふ》」は、またという、かさぬという。しかれば、また「専」というは、一心なれとなり。一行《いちぎょう》一心をもっぱらなれとなり。「専」は、一《いち》ということばなり。もっぱらというは、ふたごころなかれとなり。ともかくもうつるこころなきを「専」というなり。この一行《いちぎょう》一心なるひとを摂取《せっしゅ》してすてたまわざれば、阿弥陀《あみだ》となづけたてまつると、光明寺《こうみょうじ》の和尚《かしょう》は、のたまえり。この一心は、横超《おうちょう》の信心なり。横《おう》は、よこさまという。超《ちょう》は、こえてという。よろずの法にすぐれて、すみやかに、とく生死海《しょうじかい》をこえて、仏果にいたるがゆえに、超《ちょう》ともうすなり。

これすなわち大悲誓願力《せいがんりき》なるがゆえなり。この信心は、摂取《せっしゅ》のゆえに金剛心《こんごうしん》となれり。これは『大経《だいきょう》』の本願の三信心なり。この真実信心を、世《せ》親菩薩《しんぼさつ》は、願作仏心《がんさぶっしん》とのたまえり。この信楽《しんぎょう》は、仏《ぶつ》にならんとねがうともうすこころなり。この願作仏《がんさぶつ》心《しん》は、すなわち度衆生心《どしゅじょうしん》なり。この度衆生心ともうすは、すなわち衆生をして生死《しょうじ》の大海《だいかい》をわたすこころなり。この信楽《しんぎょう》は、衆生をして無上涅槃《ねはん》にいたらしむる心《しん》なり。この心《しん》すなわち大菩提心《だいぼだいしん》なり。大慈《だいじ》大悲心なり。この信心すなわち仏性《ぶっしょう》なり。すなわち如来《にょらい》なり。この信心をうるを慶喜《きょうき》というなり。慶喜《きょうき》するひとは、諸仏とひとしきひととなづく。慶《きょう》は、よろこぶという。信心をえてのちによろこぶなり。喜は、こころのうちに、よろこぶこころたえずして、つねなるをいう。うべきことをえてのちに、みにも、こころにも、よろこぶこころなり。信心をえたるひとをば、「分陀利華《ふんだりけ》」（観経《かんぎょう》）とのたまえり。この信心をえがたきことを、『経』（称讃浄土《しょうさんじょうど》経《きょう》）には「極難信法《ごくなんしんほう》」とのたまえり。しかれば『大経《だいきょう》』には「若聞斯経《にゃくもんしきょう》 信楽受持《しんぎょうじゅじ》 難中之難《なんちゅうしなん》 無過此難《むかしなん》」とおしえたまえり。この文《もん》のこころは、「もしこの『経』をききて、信ずること、かたきがなかにかたし、これにすぎてかたきことなし」とのたまえる御《み》のりなり。釈迦《しゃか》牟《む》尼《に》如来《にょらい》は、五濁悪世《ごじょくあくせ》にいでて、この難信《なんしん》の法を行《ぎょう》じて、無上涅《ね》槃《はん》にいたると、ときたまう。さてこの智《ち》慧《え》の名号《みょうごう》を、濁悪《じょくあく》の衆生にあたえたまうとのたまえり。十方《じっぽう》諸仏の証誠《しょうじょう》、恒沙如来《ごうじゃにょらい》の護念、ひとえに真実信心のひとのためなり。釈迦《しゃか》は慈父《じふ》、弥陀《みだ》は悲母《ひも》なり。われらがちち・はは、種種の方便《ほうべん》をして、無上の信心をひらきおこしたまえるなりと、しるべしとなり。おおよそ過去久遠《くおん》に、三恒河《ごうが》沙《しゃ》の諸仏のよにいでたまいしみもとにして、自力《じりき》の菩提心《ぼだいしん》をおこしき。恒沙《ごうじゃ》の善根《ぜんごん》を修《しゅ》せしによりて、いま願力《がんりき》にもうあうことをえたり。他力《たりき》の三信心をえたらんひとは、ゆめゆめ余《よ》の善根《ぜんごん》をそしり、余《よ》の仏聖《ぶっしょう》をいやしゅうすることなかれとなり。

「具三心者《ぐさんじんしゃ》　必生彼国《ひっしょうひこく》」（観経）というは、三心《さんじん》を具すれば、かならずかのくににうまるとなり。しかれば善導は、「具此三心《ぐしさんじん》　必得往生也《ひっとくおうじょうや》　若少一心《にゃくしょういっしん》　即不得生《そくふとくしょう》」（往生礼讃）とのたまえり。「具此三心《ぐしさんじん》」というは、みつの心《しん》を具すべしとなり。「必得往生《ひっとくおうじょう》」というは、「必」は、かならずという。「得」は、うるという。うるというは、往生をうるとなり。「若少一心《にゃくしょういっしん》」というは、「若《にゃく》」は、もしという、ごとしという。「少」は、かくるという、すくなしという。一心かけぬればうまれずというなり。一心かくるというは、信心のかくるなり。信心かくというは、本願真実の三信《さんしん》のかくるなり。『観経《かんぎょう》』の三心《さんじん》をえてのちに、『大経《だいきょう》』の三信心をうるを、一心をうるとはもうすなり。このゆえに『大経《だいきょう》』の三信心をえざるをば、一心かくるともうすなり。この一心かけぬれば、真の報土にうまれずというなり。『観経《かんぎょう》』の三心《さんじん》は、定散《じょうさん》二機の心《しん》なり。定散《じょうさん》二善を廻《え》して、『大経《だいきょう》』の三信《さんしん》をえんとねがう方《ほう》便《べん》の深心《じんしん》と至誠心《しじょうしん》としるべし。真実の三信心をえざれば「即不得生《そくふとくしょう》」というなり。「即《そく》」は、すなわちという。「不得生《ふとくしょう》」というは、うまるることをえずというなり。三信かけぬるゆえに、すなわち報土にうまれずとなり。雑行雑修《ぞうぎょうざつしゅ》して定機《じょうき》散機の人、他力《たりき》の信心かけたるゆえに、多生曠劫《たしょうこうごう》をへて、他力《たりき》の一心をえてのちにうまるべきゆえに、すなわちうまれずというなり。もし胎生辺地《たいしょうへんじ》にうまれても、五百歳《さい》をへ、あるいは億千万衆の中に、ときにまれに一人《いちにん》、真の報土にはすすむとみえたり。三《さん》信《しん》をえんことを、よくよくこころえねがうべきなり。

「不《ふ》得外《とくげ》現《げん》　賢善精進之相《げんぜんしょうじんしそう》」（散善義）というは、あらわに、かしこきすがた、善人のかたちを、あらわすことなかれ、精進《しょうじん》なるすがたをしめすことなかれとなり。そのゆえは、内懐虚仮《ないえこけ》なればなり。内《ない》は、うちという。こころのうちに煩悩《ぼんのう》を具せるゆえに、虚《こ》なり、仮《け》なり。虚《こ》は、むなしくして実《じつ》ならぬなり。仮《け》は、かりにして、真ならぬなり。このこころは、かみにあらわせり。この信心は、まことの浄土《じょうど》のたねとなり、みとなるべしと、いつわらず、へつらわず、実報土《じっぽうど》のたねとなる信心なり。しかればわれらは善人にもあらず、賢人《けんじん》にもあらず。賢人《けんじん》というは、かしこくよきひとなり。精進《しょうじん》なるこころもなし。懈怠《けだい》のこころのみにして、うちは、むなしく、いつわり、かざり、へつらうこころのみ、つねにして、まことなるこころなきみなりとしるべしとなり。「斟酌《しんしゃく》すべし」（唯信鈔）というは、ことのありさまにしたごうて、はからうべしということばなり。

「不簡破戒罪根深《ふけんはかいざいこんじん》」（五会法事讃）というは、もろもろの戒《かい》をやぶり、つみふかきひとを、きらわずとなり。このようは、はじめにあらわせり。よくよくみるべし。

「乃至十念《ないしじゅうねん》　若不生者《にゃくふしょうじゃ》　不取正覚《ふしゅしょうがく》」（大経）というは、選択《せんじゃく》本願の文《もん》なり。この文《もん》のこころは、乃至十念《ないしじゅうねん》の（御名）みなをとなえんもの、もしわがくににうまれずは仏《ぶつ》になららじとちかいたまえる本願なり。「乃至《ないし》」は、かみ・しもと、おおき・すくなき・ちかき・とおき・ひさしきをも、みなおさむることばなり。多念にとどまるこころをやめ、一念にとどまるこころをとどめんがために、法蔵菩薩《ぼさつ》の願《がん》じまします御《おん》ちかいなり。

「非権非実《ひごんひじつ》」（唯信鈔）というは、法華宗《ほっけしゅう》のおしえなり。浄土真宗《じょうどしんしゅう》のこころにあらず。聖道家《しょうどうけ》のこころなり。かの宗《しゅう》のひとにたずぬべし。

「汝若不能念《にょにゃくふのうねん》」（観経）というは、五逆十悪の罪人《ざいにん》、不浄《ふじょう》説法のもの、やもう（病）のくるしみにとじられて、こころに弥陀《みだ》を念じたてまつらずは、ただ、くちに南無阿弥《なむあみ》陀仏《だぶつ》ととなえよとすすめたまえる御《み》のりなり。これは、称名《しょうみょう》を本願とちかいたまえることをあらわさんとなり。「応称無量寿仏《おうしょうむりょうじゅぶつ》」（観経）とのべたまえるは、このこころなり。「応称」は、となうべしとなり。「具足十念《ぐそくじゅうねん》　称南無無量寿仏《しょうなむむりょうじゅぶつ》　称仏名故《しょうぶつみょうこ》　於念念中《おねんねんちゅう》　除八十億劫《じょはちじゅうおくこう》　生死之罪《しょうじしざい》」（観経）というは、五逆の罪人《ざいにん》は、そのみ（身）につみをもてること、と（十）八十億劫《こう》のつみをもてるゆえに、十念南無阿弥陀仏《なむあみだぶつ》ととなうべしと、すすめたまえる御《み》のりなり。一念にと（十）八十億劫《こう》のつみをけすまじきにはあらねども、五逆のつみのおもきほどをしらせんがためなり。「十念」というは、ただくちに十返《じっぺん》をとなうべしとなり。しかれば、選択《せんじゃく》本願には、「若我成仏《にゃくがじょうぶつ》　十方衆生《じっぽうしゅじょう》　称我名号《しょうがみょうごう》　下至十声《げしじっしょう》　若不生者《にゃくふしょうじゃ》　不取正覚《ふしゅしょうがく》」（往生礼讃）ともうすは、弥陀《みだ》の本願は、とこえまでの衆生、みな往生すとしらせんとおぼして、十声《じっしょう》とのたまえるなり。念と声《しょう》とは、ひとつこころなりとしるべしとなり。念をはなれたる声《しょう》なし。声《しょう》をはなれたる念なしとなり。この文《もん》どものこころは、おもうほどはもうさず、よからんひとにたずぬべし。ふかきことは、これにてもおしはかりたまうべし。

南無阿弥陀仏《なむあみだぶつ》

いなかのひとびとの、文字《もんじ》のこころもしらず、あさましき愚痴《ぐち》きわまりなきゆえに、やすくこころえさせんとて、おなじことを、たびたびとりかえしとりかえし、かきつけたり。こころあらんひとは、おかしくおもうべし。あざけりをなすべし。しかれども、おおかたのそしりをかえりみず、ひとすじに、おろかなるものを、こころえやすからんとて、しるせるなり。

康元《こうげん》二歳正月二十七日　愚禿《ぐとく》親鸞八十五歳　書写之

インド洋海域世界の歴史　家島彦一

陸中心の歴史観に異を唱え、海から歴史を見る重要性を訴えた記念碑的名著。世界を一つにつなげた文明の交流の場、インド洋海域世界の歴史を紐解く。

向う岸からの世界史　良知力

「歴史なき民」こそが歴史の担い手であり、革命の主体であった。著者の思想史から社会史への転換点を示す記念碑的作品。（阿部謹也）

イギリス社会史 1580–1680　キース・ライトソン　中野忠／山本浩司訳

変わらないと思われていた社会秩序が崩れていく激動の百年を描き切ったイギリス社会史不朽の名著。近代的格差社会の原点がここにある。

子どもたちに語るヨーロッパ史　ジャック・ル・ゴフ　前田耕作監訳　川崎万里訳

歴史学の泰斗が若い人に贈る、とびきりの入門書。地理的要件や歴史、とくに中世史を、たくさんのエピソードとともに語った魅力あふれる一冊。

中東全史　バーナード・ルイス　白須英子訳

キリスト教の勃興から20世紀末まで。中東学の世界的権威が、中東全域における二千年の歴史を一般読者に向けて書いた、イスラーム通史の決定版。

隊商都市　ミカエル・ロストフツェフ　青柳正規訳

通商交易で繁栄した古代オリエント都市のペトラ、パルミュラなどの遺跡に立ち、往時に思いを馳せたロマン溢れる歴史紀行の古典的名著。（前田耕作）

法然の衝撃　阿満利麿

法然こそ日本仏教を代表する巨人であり、ラディカルな革命家だった。鎮魂慰霊を超えて救済の原理を指し示した思想の本質に迫る。

親鸞・普遍への道　阿満利麿

絶対他力の思想はなぜ、どのように誕生したのか。日本の精神風土と切り結びつつ普遍的救済への回路を開いた親鸞の思想の本質に迫る。（西谷修）

歎異抄　阿満利麿訳／注／解説

没後七五〇年を経てなお私たちの心を捉える、親鸞の言葉。わかりやすい注と現代語訳、今どう読んだらよいか道標を示す懇切な解説付きの決定版。

親鸞からの手紙　阿満利麿

現存する親鸞の手紙全42通を年月順に編纂し、現代語訳と解説で構成。これにより、親鸞の人間的苦悩と宗教的深化が、鮮明に現代に立ち現れる。

行動する仏教　阿満利麿

戦争、貧富の差、放射能の恐怖……。このどうしようもない世の中でも、絶望せずに生きてゆける、21世紀にふさわしい新たな仏教の提案。

無量寿経　阿満利麿注解

なぜ阿弥陀仏の名を称えるだけで救われるのか。法然や親鸞がその理解に心血を注いだ経典の本質を、懇切丁寧に説き明かす。文庫オリジナル。

『歎異抄』講義　阿満利麿

参加者の質問に答えながら碩学が一字一句解説した『歎異抄』入門の決定版。読めばなぜ南無阿弥陀仏と称えるだけでいいのかが心底納得できる。

柳宗悦　阿満利麿

私財をなげうってまで美しいものの蒐集に奔走した柳宗悦。それほどに柳を駆り立てたのは、美が宗教的救済をもたらすという確信だった。（鈴木照雄）

道元禅師の『典座教訓』を読む　秋月龍珉

「食」における禅の心とはなにか。道元が禅寺の食事係である典座の心構えを説いた一書を現代人の日常の視点で読み解き、禅の核心に迫る。（竹村牧男）

原典訳 アヴェスター　伊藤義教訳

ゾロアスター教の聖典『アヴェスター』から最重要部分を精選。原典から訳出した唯一の邦訳である。比較思想に欠かせない必携書。（前田耕作）

書き換えられた聖書　バート・D・アーマン　松田和也訳

キリスト教の正典、新約聖書。聖書研究の大家がそこに含まれる数々の改竄・誤謬を指摘し、書き換えられた背景とその原初の姿に迫る。（筒井賢治）

カトリックの信仰　岩下壮一

神の知恵への人間の参与とは何か。近代日本カトリシズムの指導者・岩下壮一が公教要理を詳説し、キリスト教の精髄を明かした名著。（稲垣良典）

忠誠と反逆　丸山眞男

開国と国家建設の激動期における、自我と帰属集団への忠誠との相剋を描く表題作ほか、幕末・維新期をめぐる諸論考を集成。（川崎修）

気流の鳴る音　真木悠介

カスタネダの著書に描かれた異世界の論理に、人間ほんらいの生き方を探る。現代社会に抑圧された自我を、深部から解き放つ比較社会学的構想。

五輪書　宮本武蔵　佐藤正英校注／訳

苛烈な勝負を経て自得した兵法の奥義。広く人生の修養・鍛錬の書として読まれる。『兵法三十五か条の書』『独行道』を付した新訳・新校訂版。

草莽論　村上一郎

草莽、それは野にありながら危急の時に大義に立つ壮士である。江戸後期から維新前夜、奔星のように閃いた彼らの生き様を鮮烈に描く。（桶谷秀昭）

（見えない）欲望へ向けて　村山敏勝

英文学の古典とセジウィック、バトラー、ベルサーニらの理論を介し、読む快楽と性的快楽を混淆させ、クィア批評のはらむ緊張を見据える。（田崎英明）

河鍋暁斎　暁斎百鬼画談　安村敏信監修・解説

幕末明治の天才画家・河鍋暁斎の遺作から、奇にして怪なる妖怪満載の全頁をカラーで収録、暁斎研究の第一人者の解説を付す。巻頭言＝小松和彦

柳宗悦コレクション（全3巻）　柳宗悦

民藝という美の標準を確立した柳は、よりよい社会の実現を目指す社会変革思想家でもあった。その斬新な思想の全貌を明らかにするシリーズ全3巻。

柳宗悦コレクション1　ひと　柳宗悦

白樺派の仲間、ロダン、ブレイク、トルストイ……柳思想の根底を、彼に影響を及ぼした人々との出会いから探るシリーズ第一巻。（中見真理）

柳宗悦コレクション2　もの　柳宗悦

柳宗悦の「もの」に関する叙述を集めたシリーズ第二巻。カラー口絵の他、日本民藝館所蔵の逸品の数々を新撮し、多数収録。（柚木沙弥郎）

柳宗悦コレクション3　こころ　柳宗悦

柳思想の最終到達点「美の宗教」に関する論考を収めたシリーズ最終巻。阿弥陀の慈悲行を実践しようとした宗教者・柳の姿が浮び上がる。（阿満利麿）

琉球の富　柳宗悦

表題の「琉球の富」をはじめ、柳宗悦が沖縄文化のすばらしさについて綴った主な論考を収録。先の大戦で灰燼に帰した美の王国が、いま蘇る。（松井健）

民藝図鑑　第一巻　柳宗悦監修

民藝の美しさを示すために日本民藝館の総力を結集して作られた図録。本巻では日本の陶磁、染織、民画、金工、木工等を紹介。全三巻。（白土慎太郎）

民藝図鑑　第二巻　柳宗悦監修

朝鮮陶磁を中心に琉球の織物、日本の染物、民画、箪笥等を収録。解説執筆には柳の他、芹澤銈介、柳悦孝、田中豊太郎ら民藝同人も参加。（土田眞紀）

民藝図鑑　第三巻　柳宗悦監修

スリップウェア、古染附等の外邦工藝と、日本の編組品、沖縄の染物・陶器、アイヌの工藝を収録。柳宗悦が全力を注いだ生前最後の作品。（柴田雅章）

総力戦体制　山之内靖　伊豫谷登士翁／成田龍一／岩崎稔編

戦後のゆたかな社会は敗戦により突如もたらされたわけではない。その基礎は、戦時動員体制において形成されたものだ。現代社会を捉え返す画期的論考。

『「いき」の構造』を読む　安田武　多田道太郎

日本人の美意識の底流にある「いき」という概念。九鬼周造の名著を素材に、二人の碩学があざやかに軽やかに解きほぐしていく。（井上俊）

モンテーニュ入門講義　山上浩嗣

心身の和合と自然への随順を説いたモンテーニュ。その著『エセー』の核心やよりよく生きるためのヒントを平明に伝える出色の講義。文庫オリジナル。

最後の親鸞　吉本隆明

宗教以外の形態では思想が不可能であった時代に、仏教の信を極限まで解体し、思考の涯まで歩んでいった親鸞の姿を描ききる。（中沢新一）

増補 死者の救済史　池上良正
未練を残しこの世を去った者に、日本人はどう向き合ってきたか。民衆宗教史の視点からその宗教観・死生観を問い直す。「靖国信仰の個人性」を増補。

神話学入門　大林太良
神話研究の系譜を辿りつつ、民族・文化との関係を解明し、解釈に関する幾つもの視点、神話の分類、類話の分布などについても詳述する。（山田仁史）

アイヌ歳時記　萱野茂
アイヌ文化とはどのようなものか。その四季の暮らしをたどりながら、食文化、習俗、神話・伝承、世界観などを幅広く紹介する。（北原次郎太）

異人論　小松和彦
「異人殺し」のフォークロアの解析を通し、隠蔽され続けてきた日本文化の「闇」の領野を透視する。新しい民俗学誕生を告げる書。（中沢新一）

聴耳草紙　佐々木喜善
昔話発掘の先駆者として「日本のグリム」とも呼ばれる著者の代表作。故郷・遠野の昔話を語り口を生かして綴った一八三篇。（益田勝実／石井正己）

民間信仰　桜井徳太郎
民衆の日常生活に息づく信仰現象や怪異の正体とは？　柳田門下最後の民俗学者が、日本人の暮らしの奥に潜むものを生き生きと活写。（岩本通弥）

差別語からはいる言語学入門　田中克彦
サベツと呼ばれる現象をきっかけに、ことばというものの本質をするどく追究。誰もが生きやすい社会を構築するための、言語学入門！（礫川全次）

汚穢と禁忌　メアリ・ダグラス　塚本利明訳
穢れや不浄を通し、秩序や無秩序、存在と非存在、生と死などの構造を解明。その文化のもつ体系的宇宙観に丹念に迫る古典的名著。（中沢新一）

宗教以前　高取正男　橋本峰雄
日本人の魂の救済はいかにして実現されうるのか。民俗の古層を訪ね、今日的な宗教のあり方を指し示す、幻の名著。（阿満利麿）

日本的思考の原型　高取正男

何気なく守っている習俗習慣には、近代以前の暮らしに根を持つものも多い。われわれの無意識の感覚から、日本人の心の歴史を読みとく。（阿満利麿）

日本伝説集　高木敏雄

全国から集められた伝説より二五〇篇を精選。民話のほぼ全ての形式と種類を備えた決定版。日本人の原風景がここにある。（香月洋一郎）

人身御供論　高木敏雄

人身供犠は、史実として日本に存在したのか。民俗学草創期に先駆的業績を残した著者の、表題作他全13篇を収録した比較神話・伝説論集。（山田仁史）

儀礼の過程　ヴィクター・W・ターナー　冨倉光雄訳

社会集団内で宗教儀礼が果たす意味と機能を明らかにし、コムニタスという概念で歴史・社会・文化の諸現象の理解を試みた人類学の名著。（福島真人）

日本の神話　筑紫申真

八百万の神はもとは一つだった⁉　天皇家統治のために創り上げられた記紀神話を、元の地方神話に解体すると、本当の神の姿が見えてくる。（金沢英之）

河童の日本史　中村禎里

ぬめり、水かき、悪戯にキュウリ。異色の生物学者が、時代ごと地域ごとの民間伝承や古典文献を精査。〈実証分析的〉妖怪学。（小松和彦）

病気と治療の文化人類学　波平恵美子

科学・産業が発達しようと避けられない病気に対し人間は様々な意味づけを行ってきた。「医療人類学」を切り拓いた著者による画期的著作。（浜田明範）

ヴードゥーの神々　ゾラ・ニール・ハーストン　常田景子訳

20世紀前半、黒人女性学者がカリブ海宗教研究の旅に出る。秘儀、愛の女神、ゾンビ——学術調査と口承文学を往還する異色の民族誌。（今福龍太）

子どもの文化人類学　原ひろ子

極北のインディアンたちは子育てを「あそび」とし、性別や血縁に関係なく楽しんだ。親子、子どもの姿をいきいきと描いた名著。（奥野克巳）

釈尊の生涯　高楠順次郎

世界的仏教学者による釈迦の伝記。パーリ語経典や漢訳仏伝等に依拠し、人間としての釈迦の姿を生き生きと描き出す。貴重な図版多数収録。（石上和敬）

キリスト教の幼年期　エチエンヌ・トロクメ　加藤隆訳

キリスト教史の最初の一世紀は、幾つもの転回点を持つ不安定な時代であった。この宗教が自らの独自性を発見した様子を歴史の中で鮮やかに描く。

原始仏典　中村元

釈尊の教えを最も忠実に伝える原始仏教の諸経典の数々。そこから、最重要な教えを選りすぐり、極めて平明な注釈で解く。（宮元啓一）

原典訳 原始仏典（上）　中村元編

原パーリ文の主要な聖典を読みやすい現代語訳で。上巻には「偉大なる死」（大パリニッバーナ経）「本生経」「長老の詩」などを抄録。

原典訳 原始仏典（下）　中村元編

下巻には「長老尼の詩」「アヴァダーナ」「百五十讃」「ナーガーナンダ」などを収める。ブッダのことばに触れることのできる最良のアンソロジー。

ほとけの姿　西村公朝

ほとけとは何か。どんな姿で何処にいるのか。千体を超す国宝仏の修復、仏像彫刻家、僧侶として活躍した著者ならではの絵解き仏教入門。（大成栄子）

選択本願念仏集　法然　石上善應訳・注・解説

全ての衆生を救わんと発願した法然は、ついに、念仏すれば必ず成仏できるという専修念仏を創造し、本書を著した。菩薩魂に貫かれた珠玉の書。

一百四十五箇条問答　法然　石上善應訳・解説

人々の信仰をめぐる百四十五の疑問に、法然が分かりやすい言葉で答えた問答集を、現代語訳して文庫化。これを読めば念仏と浄土仏教の要点がわかる。

龍樹の仏教　細川巌

第二の釈迦と讃えられながら自力での成仏を断念した龍樹は、誰もが仏になれる道の探求に打ち込んでいく。法然・親鸞を導いた究極の書。（柴田泰山）

ミトラの密儀　フランツ・キュモン　小川英雄訳

東方からローマ帝国に伝えられ、キリスト教と覇を競った謎の古代密儀宗教。その全貌を初めて明らかにした、第一人者による古典的名著。（前田耕作）

生の仏教　死の仏教　京極逸蔵

アメリカ社会に大乗仏教を根付かせた伝道師による、世界一わかりやすい仏教入門。知識としてではなく、心の底から仏教が理解できる！（ケネス田中）

空海コレクション1　空海　宮坂宥勝監修

主著『十住心論』の精髄を略述した『秘蔵宝鑰』、及び顕密を比較対照して密教の特色を明らかにした『弁顕密二教論』の二篇を収録。（立川武蔵）

空海コレクション2　空海　宮坂宥勝監修

真言密教の根本思想『即身成仏義』『声字実相義』『吽字義』及び密教独自の解釈による『般若心経秘鍵』と『請来目録』を収録。（立川武蔵）

空海コレクション3　秘密曼荼羅十住心論（上）　福田亮成校訂・訳

日本仏教史上最も雄大な思想書。無明の世界から抜け出すための光明の道を、心の十の発展段階（十住心）として展開する。上巻は第五住心までを収録。

空海コレクション4　秘密曼荼羅十住心論（下）　福田亮成校訂・訳

下巻は、大乗仏教から密教へ。第六住心の唯識、第七中観、第八天台、第九華厳を経て、第十の法身大日如来の真実をさとる真言密教の奥義までを収録。

修験道入門　五来重

国土の八割が山の日本では、仏教や民間信仰と結合して修験道が生まれた。霊山の開祖、山伏の修行等を通して、日本人の宗教の原点を追う。（鈴木正崇）

鎌倉仏教　佐藤弘夫

宗教とは何か。それは信念をいかに生きるかということだ。法然・親鸞・道元・日蓮らの足跡をたどり、鎌倉仏教を「生きた宗教」として鮮やかに捉える。

観無量寿経　佐藤春夫訳・注　石田充之解説

我が子に命狙われる「王舎城の悲劇」で有名な浄土仏教の根本経典。思い通りに生きることのできない我々を救う究極の教えを、名訳で読む。（阿満利麿）

道教とはなにか　坂出祥伸

「道教がわかれば、中国がわかる」と魯迅は言った。伝統宗教として現在でも民衆に根強く崇拝されている道教の全貌とその究極的真理を詳らかにする。

須弥山と極楽　定方晟

仏教は宇宙をどう捉えたか。五世紀インドの書『倶舎論』の須弥山説を基礎に他説も参照し、仏教的宇宙観とその変遷を簡明に説いた入門書。（佐々木閑）

増補　日蓮入門　末木文美士

多面的な思想家、日蓮。権力に挑む宗教家、内省的な理論家、大らかな夢想家など、人柄に触れつつ遺文を読解き、思想世界を探る。（花野充道）

反・仏教学　末木文美士

人間は本来的に、公共の秩序に収まらないものを抱えた存在だ。〈人間〉の領域＝倫理を超えた他者／死者との関わりを、仏教の視座から問う。

禅に生きる　鈴木大拙コレクション　鈴木大拙　守屋友江編訳

静的なイメージで語られることの多い大拙。しかし彼の仏教は、この世をよりよく生きていく力を与えるアクティブなものだった。その全貌に迫る著作選。

文語訳聖書を読む　鈴木範久

明治期以来、多くの人々に愛読されてきた文語訳聖書。名句の数々とともに、日本人の精神生活と表現世界を豊かにした所以に迫る。文庫オリジナル。

内村鑑三交流事典　鈴木範久

近代日本を代表するキリスト者・内村鑑三。その多彩な交流は、一個の文化的山脈を形成していた。事典形式で時代と精神の姿に迫る。文庫オリジナル。

ローマ教皇史　鈴木宣明

二千年以上、全世界に影響を与え続けてきたカトリック教会。その組織的中核である歴代のローマ教皇に沿って、キリスト教全史を読む。（藤崎衛）

空海入門　竹内信夫

空海が生涯をかけて探求したものとは何か――。稀有な個性への深い共感を基に、著作の入念な解釈と現地調査によってその真実へ迫った画期的入門書。

初版 金枝篇（上）　J・G・フレイザー　吉川信訳

人類の多様な宗教的想像力が生み出した多様な事例を収集し、その普遍的説明を試みた社会人類学最大の古典。膨大な註を含む初版の本邦初訳。

初版 金枝篇（下）　J・G・フレイザー　吉川信訳

なぜ祭司は前任者を殺さねばならないのか？　そして、殺す前になぜ〈黄金の枝〉を折り取るのか？　事例の博捜の末、探索行は謎の核心に迫る。

火の起原の神話　J・G・フレイザー　青江舜二郎訳

人類はいかにして火を手に入れたのか。世界各地より夥しい神話や伝説を渉猟し、文明初期の人類の精神世界を探った名著。（前田耕作）

沖縄の食文化　外間守善

琉球文化の源流を解き明かそうとした著者が最後に取り組んだ食文化論。沖縄独特の食材や料理は、いったいどこからもたらされたのか？（斎藤真理子）

未開社会における性と抑圧　B・マリノフスキー　阿部年晴／真崎義博訳

人類における性は、内なる自然と文化的力との相互作用のドラマである。この人間存在の深淵に到るテーマを比較文化的視点から問い直した古典的名著。

ケガレの民俗誌　宮田登

被差別部落、性差別、非常民の世界など、日本民俗の深層に根づいている不浄なる観念と差別の問題を考察した先駆的名著。（赤坂憲雄）

はじめての民俗学　宮田登

現代社会に生きる人々が抱く不安や畏れ、怖さの源はどこにあるのか。民俗学の入門的知識をやさしく説きつつ、現代社会に潜むフォークロアに迫る。

霊魂の民俗学　宮田登

出産・七五三・葬送など、いまも残る日本人の生活儀礼には、いかなる独特な「霊魂観」が息づいているのか。民俗学の泰斗が平明に語る。（林淳）

南方熊楠随筆集　益田勝実編

博覧強記にして奔放不羈、稀代の天才にして孤高の自由人・南方熊楠。この猥雑なまでに豊饒な不世出の頭脳のエッセンス。（益田勝実）

ちくま学芸文庫

唯信鈔文意《ゆいしんしょうもんい》

二〇二三年十二月十日　第一刷発行

著者　親鸞（しんらん）
解説者　阿満利麿（あま・としまろ）
発行者　喜入冬子
発行所　株式会社　筑摩書房
東京都台東区蔵前二―五―三　〒一一一―八七五五
電話番号　〇三―五六八七―二六〇一（代表）
装幀者　安野光雅
印刷所　株式会社精興社
製本所　加藤製本株式会社

ISBN978-4-480-51220-8 C0115